Heidelberger Schloss- und Altertumsverein

Mitteilungen zur Geschichte des Heidelberger Schlosses

Band II

Heidelberger Schloss- und Altertumsverein

Mitteilungen zur Geschichte des Heidelberger Schlosses
Band II

ISBN/EAN: 9783743692923

Hergestellt in Europa, USA, Kanada, Australien, Japan

Cover: Foto ©ninafisch / pixelio.de

Weitere Bücher finden Sie auf **www.hansebooks.com**

Mittheilungen

zur Geschichte

des

Heidelberger Schlosses.

Herausgegeben vom

Heidelberger Schloßverein.

Band II. — Heft 2 und 3.

Mit vierzehn Tafeln.

Heidelberg,
Buchhandlung von Karl Groos.
1889.

Alexander Colin und seine Werke

1562—1612

von

David Ritter von Schönherr.

Wenn man die in großem Maßstabe ausgeführten Bildwerke Alexander Colins am Heidelberger Schlosse und die von diesem Meister fast unmittelbar darnach in Miniatur hergestellten Reliefs am Grabmale Kaiser Maximilians I. betrachtet, so würde man ohne urkundlichen Beweis kaum glauben können, daß es Werke eines und desselben Meisters sind. Andererseits sind die Reliefs an genanntem Grabmale mit einer technischen Vollendung ausgeführt, daß man sie auch nicht als eine Erstlingsarbeit in diesem Genre betrachten kann, sondern annehmen muß, daß Colin schon vordem und früher als er nach Heidelberg berufen wurde, derartige Arbeiten vollbracht habe. Jedenfalls hatte der zur Zeit dieser seiner Berufung neunundzwanzig Jahre alte Alexander Colin bereits eines weithin bekannten Namens sich zu erfreuen. Leider sind die urkundlichen Nachrichten über die von Colin in Heidelberg vollbrachten Arbeiten äußerst spärlich, ganz aber fehlen sie uns aus seiner früheren Zeit. Wir wissen nicht, durch welche Werke er die Aufmerksamkeit des kunstsinnigen Churfürsten auf sich gelenkt, bei welchen Meistern er sich gebildet, welchen Entwickelungs- und Bildungsgang er überhaupt bis dahin genommen hat. Es ist dies eine Lücke, welche ich nicht auszufüllen vermag, und wenn ich auch die Bethätigung Colins von seinem dreiunddreißigsten Jahre bis zu seinem Lebensende urkundlich verfolgen kann, schien es mir doch anfänglich bedenklich, der zwar für mich schmeichelhaften Einladung des Herrn Architecten F. Seitz*) von Heidelberg zu folgen und die Resultate meiner Studien über Alexander Colin in der Zeitschrift des Schloßvereines zu Heidelberg zu veröffentlichen, da dieser zunächst die Erforschung der Geschichte des berühmten Bauwerkes, zu welcher ich nur einen bescheidenen Beitrag zu liefern vermag, sich zur Aufgabe gestellt hat und ich zweifeln mußte, ob

---

*) Dem Herrn Architecten F. Seitz, welcher mit so großer Energie und Opferwilligkeit mich bei dieser Arbeit unterstützt hat, sei hier noch mein besonderer Dank ausgesprochen. Ebenso dankbar verpflichtet fühle ich mich dem Herrn Professor V. Lychdorff in Innsbruck, dessen fachmännische Kenntnisse mir speciell bei der Beschreibung der einzelnen Arbeiten Colins zu statten gekommen sind.

meine Arbeit sonst den Zwecken des Vereines dienstlich sein und ihn für die nothwendigen Opfer entschädigen könne. Die Thatsache jedoch, daß Alexander Colin fast unmittelbar nach seiner Thätigkeit in Heidelberg, wo er mit zwölf Gesellen arbeitete, nach Innsbruck gekommen ist und die daraus zu folgernde Gewißheit, daß seine künstlerische Eigenart inzwischen keine erhebliche Veränderung erlitten haben konnte, ließen die Bedenken zurücktreten. Ist man im Stande, die urkundlich beglaubigten Arbeiten Colins aus späterer Zeit mit seinen Arbeiten am Schlosse zu Heidelberg zu vergleichen, wird es leichter sein, die Lücken auszufüllen, welche die Forschung für Heidelberg einstweilen lassen muß. Die Geschichte des späteren künstlerischen Schaffens und des Lebens des mit der Baugeschichte des Heidelberger Schlosses so enge verbundenen Meisters dürfte auch den Freunden und Bewunderern des hochberühmten Bauwerkes wie allen Freunden der Kunst überhaupt nicht unwillkommen sein. Eine urkundliche Forschung über das Zustandekommen sowohl der Reliefbilder am Grabmale Maximilians I. zu Innsbruck als der übrigen im Geiste der Renaissance gedachten und ausgeführten und daher kunsthistorisch wichtigen Werke Colins sowie über die Lebens- und Familienverhältnisse dieses Meisters fehlte ja bisher ganz. Wenn ich nun diesem Mangel durch die Veröffentlichung dieser, hauptsächlich auf Grund von Urkunden und Acten des k. k. Statthalterei-Archives in Innsbruck zu Stande gekommenen Arbeit*) zu begegnen versuche, habe ich nur den einen Wunsch, daß sie dem so verdienstvollen Heidelberger Schloßvereine genügen möge. Die Arbeit kann leider keinen Anspruch auf Vollständigkeit machen. Die durch sie urkundlich oder sonst beglaubigten Werke Colins sind offenbar noch nicht Alles, was dieser mit bewundernswerther Arbeitskraft ausgestattete Meister geschaffen hat. Auch die nähere künstlerische Würdigung Alexander Colins muß ich bewährteren Händen überlassen. Als meine Aufgabe betrachtete ich hauptsächlich nur das Zusammenfassen der historischen Momente seines Lebens und Wirkens auf Grund archivalischer Forschung.

---

*) Andere hiezu benützte Quellen werden an Ort und Stelle angegeben.

I.
Arbeiten zum Grabmale Kaiser Maximilians I. zu Innsbruck (1562—1566).

Vgl. Tafel VI u. VII.

Im Jahre 1561 war der Bau der zur Aufnahme des Grabmals Kaiser Maximilians I. bestimmten Kirche zu Innsbruck nahezu vollendet und die jetzt dasselbe umgebenden großen Erzbilder standen fertig in der landesfürstlichen Gießerei zu Mühlau. Nun sollte das Mausoleum selbst und die für dasselbe bestimmten vierundzwanzig Reliefbilder aus carrarischem Marmor, enthaltend Darstellungen aus dem Leben des Kaisers Maximilian hergestellt werden. Kaiser Ferdinand I., welcher die letzten Jahre her mit förmlicher Ungeduld die Vollendung der Maximilianischen „Grabarbeit" erstrebte, hatte, nachdem er über die Form des Sarkophages schlüssig geworden war, die Herstellung desselben den beiden Bildhauern Bernhard und Arnold Abel aus Cöln übertragen, während deren Bruder Florian, Maler in Prag, die Zeichnungen zu den einzelnen Reliefbildern zu liefern hatte. Die von Kaiser Maximilian bestimmte Form des Sarkophages, wie das Material seines Aufbaues erlitt durch den inzwischen veränderten Geschmack der Zeit und des Kaisers selbst, welcher in den letzten Jahren ganz der Renaissance sich zuwandte und selbst an der nach seiner Angabe erbauten Kirche, so weit es noch möglich war, diese seine neue Kunstrichtung zur Geltung zu bringen bemüht war, eine vollständige Umwandlung. Die Gothik mußte hier der Renaissance, das Erz dem Marmor weichen.

Die ursprüngliche Zeichnung des Grabmals selbst war verloren gegangen, wenigstens konnte sie in Innsbruck nicht mehr aufgefunden werden. Nach dem ursprünglichen Plane sollte der ganze Sarkophag von Metall gegossen und mit hundert kleinen Erzbildern versehen werden, von welchen dreiundzwanzig auch in der That bereits hergestellt worden waren.[*]

Aber auch die vom Kaiser Ferdinand zur Ausführung bestimmte neue Zeichnung des Sarkophages erlitt bei der Ausführung noch eine Abänderung, und zwar hauptsächlich in Betreff der Erzfiguren, welche auf demselben

---

[*] Die frühere, mit 1502 beginnende Geschichte des Grabmals mit den dazu gehörigen großen und kleinen Erzbildern werde ich in einer besonderen Arbeit behandeln.

Platz finden sollten. Jetzt krönt das Werk bekanntlich nur die würdevoll gehaltene Erzstatue des im Gebete knienden Kaisers, sonst aber finden wir nur noch die allegorischen Bilder der vier Cardinaltugenden (urkundlich gewöhnlich mit „virtutes" bezeichnet) an den vier Ecken des mächtigen Sarkophages angebracht, während nach der ersten vom Kaiser Ferdinand nach Innsbruck gesendeten Zeichnung an dem kaiserlichen Grabmal noch verschiedene andere Erzbilder, Genien („Kindlein"), Adler und Wappen hätten angebracht werden sollen.

Von wem der Gedanke der Vereinfachung des Grabmals, durch welche der monumentale Charakter desselben sicher keine Einbuße erlitten hat, ausging, ist nicht zu ersehen.

Das in dem oberen Theile vereinfachte Grabmal erhebt sich nun in der Mitte des Hauptschiffes der durch die zeitlichen Veränderungen des Geschmackes leider schwer getroffenen Kirche. Der in oblongem Viereck aufgebaute Sarkophag hat ohne Kranzgesims und Sockel eine Höhe von 1,55, eine Tiefe von 2,35 und eine Länge von 4,4 Metern. Den Unterbau bilden drei Stufen. Das Kranzgesimse ladet 25 cm von der Attika aus. Der Sarkophag wird durch die im Gebet kniende mehr als lebensgroße Broncefigur Kaiser Maximilians und die an den vier Ecken angebrachten Broncebilder der vier Cardinaltugenden gekrönt. Die Figur des Kaisers theilt noch den Charakter der ältesten, das Grabmal umstehenden großen Statuen, die überaus fein behandelten symbolischen Bilder der Cardinaltugenden sind dagegen im antikisirenden Stile gehalten. Der Marmorkenotaph, auf welchem der Kaiser kniet, verbindet sich in schwungvoller Profilirung mit der einfach gehaltenen Attika, die ihrerseits den Zusammenhang mit dem Sarkophag vermittelt. Die Schmalseiten des Sarkophags werden durch je drei, die Langseiten durch je fünf Pilaster mit korinthisirenden Kapitälen gegliedert. Die durch die Pilasterstellung sich ergebenden Längsflächen sind in zwei gleiche Theile so getheilt, daß die Schmalseiten des Sarkophags je vier, die Langseiten je acht rechteckige Felder bilden, in welche die Colin'schen Reliefs aus carrarischem Marmor eingelassen sind. Die geschmackvoll umrahmten Reliefs haben eine Breite von 84 cm und eine Höhe von 55 cm. Mit Ausnahme der Reliefs und des die zweite Stufe des Unterbaues zierenden Trophäen-Ornaments ist der ganze Sarkophag von Marmor, und zwar Pilaster, Gesims, sowie die Täfelchen mit den Inschriften zu den Reliefs von schwarzem Marmor, der aus Trient bezogen wurde, der ganze übrige Körper des Grabmals von rothem mit Weiß gesprenktem Salzburger und Ratenberger Marmor.

— 59 —

Die Gebrüder Abel, welche durch die ihnen unter den günstigsten Bedingungen übertragene Arbeit aller Sorge für ihren Unterhalt sich enthoben fühlten, verwendeten das ihnen reichlich zufließende Geld mehr auf ihr materielles Wohlbefinden, als auf die Förderung der ihnen gestellten Aufgabe, und die Arbeit, welche Kaiser Ferdinand so sehr beschleunigt zu sehen wünschte, hatte unter ihren Händen binnen Jahr und Tag so geringe Fortschritte gemacht, daß eine Vollendung derselben nicht abzusehen war.

Die beiden Bildhauer sahen dies offenbar selbst ein und bemühten sich daher, andere Kräfte zu gewinnen, um bei möglichster Schonung der eigenen die ihnen aufgetragene Arbeit zu vollbringen. Sie hatten zuerst ihr Augenmerk auf den berühmten Bildhauer Giovanni da Bologna gerichtet,*) dann aber reiste Arnold Abel auf landesfürstliche Kosten in die Niederlande, um daselbst „geschickte und verständige Bildhauer" anzuwerben. In Mecheln machte derselbe die Bekanntschaft des ihm wohl schon durch seinen Ruf bekannten Alexander Colin, welcher nach der Einstellung der Arbeiten in Heidelberg in dieser seiner Vaterstadt sich aufhielt. Es geht dies aus einem Schreiben der Innsbrucker Regierung vom 6. Juli 1563 an die Stadt Mecheln hervor, in welchem diese ersucht wird, einen gewissen Silius von „Santfurt",**) mit welchem Abel in Gegenwart des Meisters Alexander Colin wegen Uebernahme von Arbeit für das kaiserliche Grab verhandelt hatte, zu bestimmen, der eingegangenen Verpflichtung nachzukommen. Ein gleiches Schreiben richtete die Regierung an die Stadt Antwerpen in Betreff der Bildhauer Diewas von Jorney und Heinrich Hagart, „so nebeneinander bei Cornel Floris gearbeitet haben."

Obwohl nun Colins Sohn in seiner an Erzherzog Maximilian im Jahre 1623 gerichteten Bitt- und Denkschrift***) annimmt, daß sein Vater von Kaiser Ferdinand nach Innsbruck berufen worden sei, erscheint es mir

---

*) Ueber die späteren Beziehungen dieses Meisters zum Innsbrucker Hofe vergleiche Albert Ilg, Giovanni da Bologna im Jahrbuch der kunsthistorischen Sammlungen des a. h. Kaiserhauses IV. 43.

**) Wohl Zandvoort oder Zandvoorde. Zandvoort großes Dorf in Nordholland bei Haarlem; Zandvoorde zwei Dörfer in Belgien, Westflandern, das eine im Bezirk Ostende, das andere im Bezirk Ypern.

***) Abraham Colin, bei der Arbeit am Grabmale Erzherzogs Ferdinand zum Krüppel geworden, als Künstler seinem Vater in keiner Weise ebenbürtig und daher auch nicht mehr in gewohnten guten Verhältnissen, erstrebte durch eine im Jahre 1623 an den damaligen Landesfürsten gerichtete Bittschrift und ein Promemoria über die von seinem Vater dem Hause Oesterreich verfertigten Arbeiten eine Anstellung. Den beiden Schriftstücken fehlt vielfach die objective Darstellung; sie ergänzen jedoch manche Lücke des, wenn auch reichlich vorliegenden urkundlichen Materials.

doch zweifellos, daß Alexander Colin lediglich durch Arnold Abel für die von ihm und seinem Bruder übernommenen Arbeiten für das Grabmal Kaiser Maximilians engagirt worden ist.

Abraham Colin berichtet in der erwähnten Schrift über die Berufung seines Vaters, es habe Kaiser Ferdinand, ohne Zweifel während seines Aufenthalts in Frankfurt im Jahre 1562 vernommen, daß sein Vater unlängst zuvor bei dem Fürsten Otto Heinrich zu Heidelberg in Diensten gestanden und daselbst mit zwölf Gesellen den Bau eines stattlichen Palastes geführt habe, und daß derselbe nach dem plötzlichen Ableben des Churfürsten und nach Einstellung des Baues und Entlassung der Arbeiter in seine Heimath gereist sei. Von da habe ihn dann die kaiserliche Majestät berufen.*)

Ueber eine Berufung Colins durch den Kaiser liegt aber keinerlei urkundliche Andeutung vor. Die ganze „Grabarbeit" war contractlich den Brüdern Abel übertragen worden, und als Colin nach Innsbruck kam, erhielt er seine Verwendung bei derselben nicht durch die kaiserliche Behörde, sondern durch die beiden Abel, welche ihm die Ausführung von zwölf Historien — so werden die Reliefbilder urkundlich immer bezeichnet — gegen die vereinbarte Bezahlung übertrugen.

Alexander Colin war erst gegen Ende des Jahres 1562 nach Innsbruck gekommen; daß er aber bald, nachdem er sich hier häuslich eingerichtet, seine Arbeiten zum Grabmale Maximilians aufgenommen habe, beweist ihr schneller Fortschritt. Kaiser Ferdinand, welcher vom 1. Februar bis 25. Juni 1363 in Innsbruck residirte, hatte während dieses seines Aufenthaltes bereits ein von Colin vollendetes Relief gesehen. Der Kaiser war darüber hoch erfreut und ermunterte den beglückten Meister zu weiterer, eifriger Arbeit, die er noch in seinem Leben vollendet zu sehen wünschte.

Colin arbeitete das erste Jahr nur mit zwei Gesellen; seine Arbeit selbst hatte ihm aber bald so großes Ansehen bei der Regierung verschafft, daß diese in Sachen des Grabmals nicht mehr die Gebrüder Abel, bei denen im October 1563 nur ein Geselle thätig erscheint, sondern „Meister

---

*) Die betreffende Stelle lautet wörtlich: „Demnach die rom. kay. mt. ferdinando anno 1562 isten jar sich zu frankfurt damalen befunden von meinem vater ohn zweifel vernommen haben, wie das er ohne lengst zuvor bey dem durchlauchtigisten hochgebornen fürsten Ott Heinrich pfalzgrafen bei Reyn churfurst und zu Heidelperg etc. in Diensten gewest und mit 12 gesölln in der arbeit ain stattlichen palast im werk zu pauen, weiln aber ir churf. g. in dem gächling erkrankt und in gott seligist abgleibt, das werk eingestelt, die diener abgefertigt, mein vater in seinen heimat geraist, darüber ir kay. mt. von da mein vater erfordert."

Alexander" um ein Gutachten angieng, obwohl der Arbeitscontract auf die beiden Abel gestellt war. Als daher der Kaiser zu wissen verlangte, binnen welcher Zeit die Arbeit am Grabmal vollendet werden könnte, berief sich die Regierung in ihrer Antwort auf den Ausspruch Alexander Colins, welcher glaube, daß, wenn die von ihm erwarteten sechs Gesellen ehestens einträfen, die Historien in anderthalb Jahren fertig gemacht werden könnten, wogegen die bisher verwendeten Kräfte dazu drei Jahre benöthigen würden.

Leider hatte schon im Jahre 1563 eine längere Krankheit des Malers Florian Abel in Prag den rascheren Fortgang der Arbeit aufgehalten, wie aus einem Schreiben des Kaisers vom 25. Oktober 1563 hervorgeht, worin er die Krankheit dieses Meisters, der nun wieder genesen sei, als den Grund der verzögerten Sendung von Zeichnungen bezeichnet.

Mit Ende des Jahres 1563 hatte Colin die ganze „Grabarbeit" in seinen Händen; denn am 30. December wurden ihm auf Abschlag der ihm „verdingten" Arbeit hundert Gulden und ein Hauszins mit sechsundzwanzig Gulden von der landesfürstlichen Kammer bezahlt. Ebenso ließ die Regierung, als die von Colin berufenen Gesellen aus den Niederlanden eintrafen, ihm eine Entschädigung für die dem Meister dadurch entstandenen Kosten ausbezahlen.

Meister Bernhard Abel war schon im October mit Tod abgegangen, und dessen Bruder Arnold, welcher Krankheits halber seiner Arbeit auch nicht mehr nachkommen konnte, starb Ende Jänner 1564. Von den vierundzwanzig Reliefs hatten sie nur drei vollendet, obwohl sie in letzter Zeit drei Gesellen hielten, welche wie jene des Alexander Colin aus den Niederlanden gekommen waren. Die Namen derselben sind: Franz Willems, Hans Ernhofer und Michael von der Decken.

Der mit Alexander Colin bei Uebernahme der „Grabarbeit" abgeschlossene Contract ist nicht bekannt; aus den ihm von der Kammer zu Theil gewordenen Zahlungen geht jedoch hervor, daß er für ein Reliefbild, zu welchem der carrarische Marmor beigestellt wurde, zweihundert Gulden*) erhielt. Es ist dies derselbe Betrag, den Colin von den Gebrüdern

---

*) Diese anscheinend sehr geringe Bezahlung ist im Verhältniß zu den damaligen Arbeitslöhnen und Lebensmittelpreisen doch eine sehr ansehnliche. Der tirolische Kanzler, welcher nach dem Statthalter die bedeutendste Stelle bekleidete, bezog einen Jahresgehalt von neunhundert Gulden, die beiden ersten Räthe der Regierung, Freiherr von Wolkenstein und von Brandis, fünfhundertsiebzig und dreihundertzweiundvierzig Gulden. Von Lebensmittelpreisen sei erwähnt: Rindfleisch bester Qualität, sowie alles Braten-

Abel für ein Reliefbild erhalten hatte, und die landesfürstliche Kammer sah sich in ihrer ewigen Geldverlegenheit nicht veranlaßt, demselben für seine obschon ohne Vergleich kunstvollere Arbeit mehr zu bezahlen. Des Meisters Bescheidenheit hatte höhere Ansprüche nicht gemacht. In seinen Forderungen, wie in seiner Arbeit erscheint Colin überhaupt als wohlthuender Gegensatz zu den beiden Meistern aus Cöln.

Bei seiner ihm eigenen, nie ruhenden Arbeitskraft und seiner Meisterschaft, die Gesellen zur Arbeit in seinem Geiste anzuhalten und zu verwenden, hätte er auch in der That die Reliefbilder in anderthalb Jahren, wie er veranschlagt hatte, vollendet, wäre er nicht durch den Maler, dem die Zeichnung der Bilder oblag, so oft gehindert und auch durch andere Zwischenfälle gesäumt worden. Florian Abel in Prag war nicht im Stande, so schnell die einzelnen Bilder zu concipiren und zu zeichnen, als Colin sie in Marmor ausführte, obwohl dieser mit minutiöser Genauigkeit jeden Gedanken des Malers auf den Marmor übertrug. Sind diese Reliefbilder doch auch in der That, „als ob sie ein Maler gemacht" hätte, wie auch Lübke bemerkte, als er sie zum erstenmale sah.*)

Ueber den weiteren Fortgang der Arbeit in der Werkstätte Colins erfahren wir aus einem Schreiben der Regierung an den Kaiser vom 13. Mai 1564 Folgendes. Von den zwölf Zeichnungen der „Historien", welche bis dahin der Maler in Prag nach Innsbruck abgeliefert hatte, waren fünf in Marmor ausgeführt worden, „etliche" sollten schon in kurzer Zeit vollendet werden, daher sich aber die Nothwendigkeit herausstellte, daß mehr „Historien" geschickt würden, sollte Colin nicht gesäumt werden.

Der Kaiser, welcher zur Zeit in Wien sich befand, gab auf diesen Bericht seinem in Prag weilenden Sohne, Erzherzog Ferdinand, den Auftrag, dem Maler Abel ernstlich einzuschärfen, die in Insbruck noch fehlenden Historien, sobald es ihm nur immer möglich wäre, zu verfertigen.

fleisch von Kälbern, Schafen, Kitzen und Lämmern per Pfund acht Vierer (5 Vierer = 1 kr.), 1 Maß (stark 1¼ Ltr.) besten Etschländer Weines kostete im Wirthshause vier Kreuzer. Die Arbeitslöhne differiren zwischen acht und fünfzehn Kreuzern per Tag.

*) Auf den Einfluß, den der Maler auf die Arbeit Colins nahm, weist auch eine im „Morgenblatt" vom Jahre 1807 (No. 286) erschienene Besprechung des Grabmals hin. Der Verfasser, welcher glaubte, der Meister der Reliefs sei seines Zeichens ein Maler, und ebenso irrthümlich die beim Grabmal hängenden Porträts für dessen Werk hielt, sagt darüber: „Man sieht dem Ganzen wohl an, daß der Künstler ein größerer Maler als Bildhauer war, welches auch die Portraite von ihm und von seiner Gattin bezeugen, die von seiner Hand gemacht, dabei hängen. Er suchte z. B. die Verkürzungen der Malerei, die Perspective und dergleichen anzubringen und es ist ihm wirklich für ein Werk des Meißels bewundernswürdig gelungen."

Der Erzherzog kam dem Auftrage seines Vaters nach und gab Meister Florian die eindringlichsten Weisungen. Die bei ihm gefundenen zwei fertigen Historien wurden vom Erzherzog sogleich nach Innsbruck gesendet; da jedoch der Kaiser alle Historien vor ihrer Ausführung zu sehen verlangt hatte, wanderten sie von Innsbruck nach Wien und kamen von dort erst Ende Juli zurück, worauf sie von Colin auch sofort in Arbeit genommen wurden. An Erzherzog Ferdinand aber wurde die weitere Bitte gerichtet, sobald auch nur eine Historie wieder fertig geworden sein würde, dieselbe zu senden, was der Erzherzog der Regierung auch zusagte.

Dieses Bitten und Drängen von Seite Colins und der Innsbrucker Regierung, um weitere Historien zu erhalten, die Aufforderungen des Kaisers und seiner Söhne, des Königs Maximilian und Erzherzogs Ferdinand an den Maler Florian Abel in Prag zur Beschleunigung seiner Arbeit ziehen sich durch das ganze Jahr 1564 hindurch.

Am 25. Juli hatte Kaiser Ferdinand das Zeitliche gesegnet und somit die Vollendung des Grabmals, dessen Herstellung von ihm in den letzten Jahren so eifrig betrieben worden war, nicht erlebt. Wenige Tage vor seinem Tode (20. Juli) hatte der Kaiser noch zu wissen verlangt, ob unter den Innsbrucker Bildhauern oder sonst irgendwo eine Persönlichkeit sich befinde, welche die Reliefbilder zu Kaiser Maximilians Begräbniß „ins Werk recht zusamen ordnen und einsetzen könnte", worauf ihm der Kammerpräsident Blasius Khuen von Belasi antwortete, dazu sei Colin der rechte Mann und die Berufung eines anderen nicht nothwendig.

Unter den aus Anlaß des kaiserlichen Todfalles von der landesfürstlichen Kammer mit Trauerkleidern Betheilten finden wir auch Alexander Colin, welcher den Heimgang des kunstsinnigen und kunstverständigen Kaisers tief betrauerte.

Ferdinands Nachfolger, Maximilian II., erinnerte sich zwar bald der auf ihn übergegangenen Verpflichtung zur Herstellung des Grabmals und verlangte bereits am 16. August von der Regierung zu Innsbruck, zu berichten, wie viele Historien sie erhalten habe, wie weit das Werk vorgeschritten sei und was zur Vollendung desselben noch abgehe, worauf er das Nöthige verordnen wolle; allein die Verhältnisse sind häufig stärker als Wille und Thatkraft eines Herrschers.

In Innsbruck war inzwischen eine epidemische Krankheit, die man mit Pest bezeichnete, ausgebrochen, welche viele Menschen dahinraffte und alle Kreise mit Schrecken erfüllte. Bereits am 19. August fand die Regierung für nothwendig, alle Hofbauten einzustellen, und bald nachher verließen die landesfürstlichen Behörden Innsbruck und flüchteten nach der jenseits des Brenners gelegenen Stadt Sterzing, von wo sie erst im folgenden Jahre zurückkehrten.

War es für Colin schon schwer, durch die Herren der Regierung, als sie noch in Innsbruck amtirten, etwas zu erreichen, um so schwerer war es nun für ihn, denselben in dieser größeren Entfernung beizukommen.

Am 22. September schrieb er an die nach Sterzing geflüchtete landesfürstliche Kammer, er habe alle acht Visirungen, so viele er eben gehabt, seinen Gesellen unter die Hand gegeben und es würden ungefähr vier Historien binnen Monatfrist ausgemacht werden. Um aber dann die Gesellen, die er mit großer Mühe und großen Kosten aus den Niederlanden hierhergebracht habe, beschäftigen zu können, möge die Kammer gleich an den Maler in Prag um weitere Visirungen schreiben; denn, wenn diese nicht rechtzeitig einträfen, müßte er die Gesellen unfehlbar entlassen, was ihm großen Schaden bringen müßte, da er dann gar keinen Gesellen mehr hieher bekommen könnte. Schließlich bittet er um eine Abschlagszahlung von zweihundert Gulden zur Bezahlung seiner Leute und seiner Schulden.

Die Regierung wies nun Colin wohl die verlangte Summe Geldes beim Zoll zu Zirl an, versprach auch, ihm sonstige Arbeit, auf welche wir später zurückkommen werden, zuzuwenden; allein die von ihm vor Allem gewünschten Historien beizuschaffen lag nicht in ihrer Macht.

Neben der Ausführung der Reliefbilder suchte Colin auch mit anderen Arbeiten des Grabmals sich zu beschäftigen und zunächst das Mausoleum, in welches seine Bildwerke eingelassen werden sollten, herzustellen. Aber auch hier stieß er auf Hindernisse.

So ließ schon der schwarze Marmor für die Pilaster und das Gesimse, welcher in Trient lag, lange auf sich warten, noch länger aber die schwarzen Marmortäfelchen mit den Inschriften.

Inzwischen griff die epidemische Krankheit in Innsbruck immer mehr um sich; bereits war auch schon in dem an das Haus Colins anstoßenden Hause ein Todesfall vorgekommen. Colin wohnte mit seiner Gattin, die ihm aus den Niederlanden hieher gefolgt war, und seinem im Jahre 1563 gebornen Söhnlein, dem späteren Bildhauer Abraham Colin, sowie mit seinen sieben Gesellen in einem Hause der jetzigen Vorstadt Mariahilf. Das in neuerer Zeit um ein Stockwerk erhöhte Haus ist gegenwärtig mit Nr. 46 bezeichnet.

Die Furcht vor der immer stärker auftretenden Krankheit ließ begreiflicher Weise auch Colins Gesellen nicht unberührt und es stand zu erwarten, daß dieselben der Stadt und dem bedrängten Meister den Rücken kehren würden. Colin suchte nun zuerst in naher, dann in weiterer Entfernung von Innsbruck für sich und seine Leute einen passenden Zufluchtsort, wobei er im Auftrage der Regierung von Bauschreiber Kener thatkräftig unterstützt wurde. Da in nächster Nähe von Innsbruck kein taugliches Quartier zu finden war, ritt Colin mit dem Hofbauschreiber nach Zirl, einem drei Stunden von Innsbruck entfernten Dorfe, um hier eine passende Unterkunft zu finden. Dazu schien nun dem Meister Colin das dem Herrn Ilsung, Landvogt in Schwaben, gehörige Haus als das geeignetste. Colin und der Hofbauschreiber gingen also zum Gerichtsanwalt, um ihn um seine Unterstützung in der Sache zu ersuchen, und da dieser sich auf den Pfleger von Hertenberg (Schloß und Gerichtssitz des jetzigen Gerichtes Telfs), ohne dessen Wissen er nichts thun könne, berief, ritten die beiden zum Pfleger nach Hertenberg, welcher mit den Leuten in Zirl näher verhandeln sollte. Kaum aber war Colin mit dem Hofbauschreiber weggeritten, erschien vor dem Richter in Hertenberg der Gemeindeausschuß von Zirl und meldete ihm, daß die ganze Gemeinde sich zum höchsten beschwere und „um Gottes willen bitte, man wolle sie mit diesen Leuten verschonen." Man wisse sehr gut, daß „das Sterben" zunächst bei Colins Hause, auch ober und unter demselben herrsche, auch habe er ein Gesinde, „das nit [nicht] Strafbrief [schriftliche Verpflichtung mit Androhung von Strafen] nehme, sondern alle Winkel ausgehe", und wenn diese Leute in Zirl wären, so würden sie doch täglich nach Innsbruck und zurück fahren oder gehen. Das Dorf habe viele arme Leute, und wenn hier die Krankheit einreißen würde, so müßten diese „Hungers sterben."

Der Richter gab dem Ausschusse, welcher diese Beschwerden und „noch vil mehr" vorbrachte, den Bescheid, er werde thun, was sein „Junker" (der Gerichtsherr) ihm befehlen werde; inzwischen möge aber das Haus des Ilsung, in welchem ein „Ehevölkl und noch ein altes Weib" wohne, geräumt werden.

Auf dieses hin, berichtete der Richter, hätten sie ihn „wiederum mit höchster Bitt angefallen", nur etliche Tage zu gedulden, sie wollten der Regierung ihre Noth und Beschwerde vortragen, und er möge wenigstens noch diesen Bescheid abwarten.

Der Entscheid der Regierung in dieser Sache erfolgte am 3. October. Der Bauschreiber hatte nochmals ihr vorgestellt, daß das Ilsung'sche Haus in Zirl für Colin das geeignetste sei, welches gefunden werden könnte. Im Landgericht Sonnenburg (bei Innsbruck) sei keine brauchbare Wohnung zu finden; es sei auch nicht gut, die Marmorstücke mit den Arbeiten Colins auf Wagen auf die Berge hinaufzuführen, wogegen sie nach Zirl auf Schiffen gebracht werden könnten. Hier wäre für Colin auch alles Nothwendige an Fleisch, Brod, Wein, Schmalz u. s. w. leichter zu bekommen als im Gerichte Sonnenburg. Die Regierung berücksichtigte jedoch die eindringlichen Bitten und Beschwerden der Gemeinde Zirl und befahl, da auch Erzherzog Ferdinand, bevor er in Innsbruck Residenz nehmen würde, im Schlosse Fragenstein (zunächst ob Zirl) sich aufzuhalten erklärte, für Alexander Colin anderswo eine Unterkunft auszumitteln und befingerzeigte hiezu namentlich Angerzell, Auf der Einöd, Pradl, die Behausung des Baptist Leopard, Ferklehen, den Burghof in Kematen, das Haus des Andrä Dum in Mühlau und das Gießhaus daselbst, „darinnen die Bilder gewesen."*)

Trotz aller Anstrengungen Colins und des Hofbauschreibers gelang es nicht, eine Zufluchtsstätte für den bedrängten Meister zu finden. Niemand wollte eine Partei, in deren nächster Nähe ein Pestfall vorgekommen war, aufnehmen, und andererseits war auch Wohnung für so viele Personen und die nöthige Localität zu einer Werkstätte schwer zu finden. So verging der Herbst und Colin und seine Familie, wie auch sein ganzes Gesinde blieben von der Krankheit verschont. Der Tod, welcher aus zahllosen Häusern der Landeshauptstadt seine Opfer forderte, schien Achtung vor der Kunst des Meisters zu haben, die Schwelle des Colin'schen Hauses wurde von ihm nicht überschritten.

Colin hatte seine Arbeit unter den Schrecknissen der Pest ununterbrochen fortgesetzt. Sein unermüdliches Drängen um weitere Vermittlung von Historien zeugt vom schnellen Fortschritte des Werkes. Am 5. October 1564 hatte der Hofbaumeister, dessen Amt allein noch in Innsbruck zurückgeblieben war, an die landesfürstliche Kammer nach Sterzing berichtet, Colin wünsche, daß dieselbe um etliche Historien schreibe, er habe jetzt sieben Gesellen und in vierzehn Tagen würden „etliche Stücke" fertig,

---

*) Unter diesen Bildern sind die Erzbilder zum Grabmal Kaiser Maximilians zu verstehen, welche bis zur Vollendung der Kirche unter Aufsicht des Rothschmieds Melchior Pomer im Gießhause aufbewahrt und dann in diese Kirche, welche am 14. Februar 1563 eingeweiht wurde, übertragen worden sind. Nur einzelne Bilder, wahrscheinlich die ursprünglich für den Sarkophag selbst bestimmten kleinen Erzbilder, für die sich keine Verwendung mehr fand, waren in Mühlau zurückgeblieben.

während er „keine Historie oder Visier mer im Vorrat habe." Die an Colin gestellte Frage, was für Historien bereits ausgeführt und vollendet seien, welche noch fehlen und noch zu verfertigen seien, vermöge derselbe nicht zu beantworten; dies könne man nur bei dem Maler, der die Historien verfertige, und bei dem, der die Ueberschriften dazu mache (kaiserlicher Secretär Georg Bockay), in Erfahrung bringen.

Wie aus einem weiteren Berichte Colins vom 16. October an die Regierung hervorgeht, hatte er zur Zeit acht Historien in Händen; denn er meldet, daß er „dieser Tage" vier Stücke vollende und dann noch vier Stücke zu arbeiten habe. Er wolle nun, bis mehr Visirungen von Prag kämen, etwa drei Wochen lang zwei Gesellen an einem Stück arbeiten lassen, um nicht dieselben feiern lassen zu müssen; er bitte aber dringend, alle fertigen Visirungen vor Ablauf der drei Wochen von Prag schicken zu lassen; denn es könnten dann nicht mehr zwei Gesellen an einem Stücke arbeiten. „Die allerletzten Visirungen" sollten spätestens „auf Lichtmeß oder Fasnacht" zu seinen Handen gebracht werden.

Diese neuerlichen Vorstellungen und Bitten hatten, obwohl die Regierung dieselben an den Erzherzog in Prag gelangen ließ, keinen Erfolg. Am 4. November erklärt Colin in seinem Schreiben an dieselbe, daß er jetzt „für seine Person", und auch ein Theil seiner Gesellen, die er mit großer Mühe und großen Kosten aus den Niederlanden hiehergebracht habe, feiern müsse. Es sei für ihn ohnedies schwer, sie bei einander zu behalten, und wenn er sie entlassen müßte, könnte er weder diese Arbeit „noch die Bilder von Wachs" sobald ausmachen.

Unter den Bildern von Wachs, welche Colin verfertigen sollte, sind das Bildnis des knienden Kaisers und drei „virtutes" zu verstehen. Die vierte war nämlich schon früher durch den Bildhauer Lehner modellirt worden. Colin hatte sich, wie Hofbaumeister Uschall in einem Berichte an die Regierung vom 23. November 1564 bemerkt, erbeten, diese Bilder nicht bloß für den Guß in Wachs zu schneiden, sondern auch den Guß selbst zu übernehmen. Die Jahreszeit war jedoch für das „Schneiden in Wachs" bereits zu weit vorgeschritten; denn nach der Versicherung Colins sollte zu dieser Arbeit der Sommer und nicht der Winter benützt werden, was die Regierung auch als richtig annahm und deswegen die Verschiebung dieser Arbeit auf eine gelegenere Zeit genehmigte.

Bald nachher wies die Regierung Alexander Colin an, in Betreff dieser Arbeit mit den beiden Gießern Löffler sich ins Einvernehmen zu setzen, da diese von ihr Auftrag hätten, mit ihm weiter zu verhandeln.

Wenn er dann „die Arbeit mit den wächsernen Bildern unter Handen nehmen werde", wolle sie ihm auch die dazu verlangten sechs Zentner Gips zu Ratenberg bestellen. Auch den Guß der Bilder wolle die Regierung Colin überlassen und gebe diesfalls dem Hofbaumeister den Auftrag, dem Löffler und seinen Söhnen davon Mittheilung zu machen und, falls diese Nichts dagegen hätten, mit Colin zu verhandeln, um zu wissen, um welchen Preis er die Bilder schneiden, gießen und „an die Statt verfertigen wolle." Die Löffler hätten solches Bildwerk um achtundzwanzig Gulden per Centner fertig gestellt, wogegen ihnen hiezu der Centner Erz um sechs Gulden verabfolgt worden wäre.

Endlich war auch die Modellirung eines in Erz zu gießenden Brunnens dem Colin zugedacht, doch konnte vorderhand mit ihm keine Vereinbarung erzielt werden. Seine Forderung erschien der Regierung „zu hoch und übermäßig", doch hoffte sie, daß der Meister sich „leidenlich halten" werde.

So hatte Colin wohl Aussicht auf Arbeit für die bessere Jahreszeit, aber nicht für den eintretenden Winter.

Die Regierung, welche noch zweimal dem Erzherzog die dringende Nothwendigkeit, Meister Colin mit Zeichnungen zu versehen, vor Augen gestellt hatte und keinen Erfolg erzielen konnte, mußte es schließlich dem Willen und Gefallen Colins anheimstellen die Gesellen auf seine Kosten zu behalten oder zu entlassen; denn, schreibt sie am 2. December an den Hofbaumeister, sie könne nicht wissen, wann solche Visirungen ihr wieder zukommen würden; die Kammer aber sei nicht in der Lage, den Schaden zu vergüten.

Mit Ende des Jahres 1564 war gerade die Hälfte der Reliefbilder für das Grabmal Maximilian I. vollendet worden.

Kann man sich aus dem bisher vorliegenden keine genaue Vorstellung von der Zeit machen, welche Colin mit Hilfe seiner Gesellen zur Herstellung eines einzelnen Reliefbildes brauchte, so wird dies hingegen durch die aus dem folgenden Jahre 1565 mir zu Gebote stehenden Acten ermöglicht.

Aus einem ausführlichen Berichte des Hofbaumeisters Paul Uschall, der beiden Gießer Gregor und Hans Christof Löffler und des Hofbauschreibers Kener an die Regierung vom 18. Jänner 1565 erfahren wir, daß zur Zeit zwölf Historien[*]) ganz vollendet waren, drei noch in der Arbeit

---

[*]) Der Bericht spricht zwar von dreizehn vollendeten Historien, allein ein späteres Schreiben an den Erzherzog berichtigt die Zahl mit zwölf, da von den dreizehn hieher gesendeten Historien eine schon zu Zeiten der Übel verloren gegangen sei.

sich befanden und binnen fünf Wochen fertig sein würden. Die übrigen Zeichnungen zu den Reliefbildern trafen aus Prag ein, zwei am 6. Februar und je ein Stück am 16. Mai, 31. Mai, 8. Juni, 4. Juli, 5. September, 5. November und die letzte am 7. December. Man kann also, da Colin im März 1566 alle Reliefbilder vollendet hatte, annehmen, daß er ein Reliefbild in der Zeit von sechs Wochen herzustellen im Stande war.*)
Die Ausführung der vom Maler Abel gelieferten Zeichnungen in Marmor setzt unbedingt die Modellirung der einzelnen Stücke voraus, wozu das noch heute zu solchen Zwecken verwendete Wachs als Materiale benützt wurde; es bleibt aber doch immer eine bewundernswerthe Leistung, wenn ein mit so großer Figurenmenge, reicher Architektur oder landschaftlichem Hintergrunde ausgestattetes Bild in so kurzer Zeit modellirt und darnach in Marmor ausgeführt werden konnte.

Das Urtheil der obgenannten Berichterstatter, das namentlich als von den beiden Gießern Löffler, Vater und Sohn, unterzeichnet von Interesse ist, bemerkt über die Arbeit selbst, „daß die Historien den Visierungen gleichmäßig und genugsam erhebt seien."

Wie sehr aber Erzherzog Ferdinand selbst den Meister und seine Arbeiten zu schätzen wußte, geht namentlich aus einem Schreiben desselben an die Regierung zu Innsbruck hervor, in welchem er derselben eröffnet, daß er Alexander Colin auch nach Vollendung seiner Arbeiten für das Grabmal in seinen Diensten erhalten wissen wolle. Das für den Meister so ehrenvolle Schreiben des Erzherzogs lautet: „Ferdinand etc. Nachdem uns der Pildhawer, so daselbst zu Innsprugg die Historien in Marmelstein zu weiland des Kaisers Maximilian hochloblichister Gedechtnus Begrebnus zu verfertigen in Bevelch hat, für ain besonders kunstliche und geschickte Person in seinem Handverk berüemt und angezaigt wirdet, darumben wir ine auch nach Verfertigung berüerter angedingten Historien lenger in unsern Diensten zu erhalten mit Gnaden entschlossen sein, so bevelchen wir euch hierauf und wöllen, das ir also darauf bedacht seid und die Sach dahin richtet, damit ermelter Pildhawer, wann er gleich mit denselben Historien fertig, anderstwohin nit weggelassen werde, wie ir dann sollches am fürträglichisten wol verfüegen werdet wissen. Daran handelt ir zu unserm genedigen und gefelligen Willen. Geben Prag den dritten Aprilis anno etc. im fünfundsechzigisten. Ferdinand."

---

*) Das gleiche Resultat ergibt sich auf Grund eines Berichtes vom 12. April 1565, wornach Colin zu dieser Zeit noch acht Reliefbilder zu verfertigen hatte. (Jahrbuch d. kunsthist. Sammlg. des a. h. Kaiserhauses Bd. V. Regest. Nr. 4378.)

Die Verzögerung der Zusendung von Historien, welche so viele Bitten und Beschwerden von Seite Colins und so viele Vorstellungen von Seite der Regierung an den Kaiser oder Erzherzog Ferdinand hervorrief, ist nicht in der Bequemlichkeit des Malers Florian Abel, welcher in dieser Beziehung mit seinen beiden Brüdern Nichts gemein hatte, sondern vielmehr in verschiedenen anderen Schwierigkeiten und Hindernissen zu suchen. Erstlich war der Meister selbst nicht bloß im Allgemeinen auf streng historische Thatsachen, die er darstellen sollte, angewiesen, sondern hatte diesfalls auch mit jenen Gelehrten sich ins Einvernehmen zu setzen, welche schon von Kaiser Ferdinand hiezu als Beirath bestimmt worden waren. Die Composition der ungemein figurenreichen Darstellungen, die Studien über Charakter und Costüm der einzelnen Hauptpersonen wie der großen Menge vornehmer Leute verschiedener Nationen, über Kriegführung und Waffen, all dies verlangte Zeit und Ueberlegung. Meister Florian Abel scheint auch nicht von ausreichend kräftiger Gesundheit gewesen zu sein. In einem Schreiben des Erzherzogs Ferdinand vom 26. April 1565 an die Innsbrucker Regierung, welche ihn um Vermittlung weiterer Historien gebeten hatte, bemerkt derselbe, er habe mit dem Maler wegen schneller Verfertigung der fehlenden Visirungen verhandelt, dieser sei „in starker Arbeit" dieselben zu verfertigen, soferne seine Krankheit ihm nicht hinderlich sei, woraus hervorgeht, daß Meister Florian, welcher auch im Jahre 1563 längere Zeit krank darniederlag, schon länger gekränkelt haben müsse. Seine Krankheit nahm auch wenige Wochen darnach einen tödtlichen Verlauf. Er starb Ende Mai 1565. Erzherzog Ferdinand berichtet darüber am 2. Juni an seinen Bruder, Kaiser Maximilian II., Meister Florian Abel, der bisher die Historien zu Kaiser Maximilians Begräbniß „aufs Papier abgerissen und alle bis auf zwei verfertigt" habe, sei dieser Tage gestorben, und seines Wissens sei kein anderer Maler vorhanden, welcher die zwei noch fehlenden Historien richtig und wie sie sein sollten, zu machen verstände, es würde denn einem solchen besonders guter und hinreichender Bericht darüber gegeben. Nun erinnere er sich, daß Dr. Seld[*]), dessen Ableben er mit großem Bedauern jüngst erfahren habe, die meiste und beste Wissenschaft von diesen Historien gehabt habe. Der Kaiser möge also verordnen, daß in den diese Historien betreffenden Schriften und Verzeichnissen, die ohne Zweifel im Nachlasse des Verstorbenen sich befänden, fleißig nachgesucht und das Gefundene ihm zugesendet werde, um die noch

---

[*]) Der durch seine wissenschaftlichen Kenntnisse und durch seine politische Wirksamkeit hervorragende Reichs-Vicekanzler Kaiser Ferdinand I.

ausständigen Historien verfertigen lassen zu können und das nun schon so weit gebrachte Werk des Begräbnisses nicht zu unterbrechen.

Nach dieser Aeußerung Erzherzogs Ferdinand über Dr. Seld unterliegt es keinem Zweifel, daß dieser mit seltenen Kenntnissen ausgerüstete Mann auf die historisch richtige Darstellung der Reliefbilder entschiedenen Einfluß genommen hat und ihm diesfalls ein großes Verdienst zugesprochen werden muß.

Der Name des Meisters, welcher die Zeichnungen zu den letzten zwei Reliefbildern verfertigt hat, wird in den Acten nicht erwähnt. Ich vermuthe, daß es Paul Neupaur, Maler in Prag ist, welcher 1565 die von Florian Abel hinterlassene Schwester heirathete. Seine Arbeit war aber, wie die Regierung in ihrem Schreiben an den Erzherzog vom 8. Juni sagt, „viel schlechter und mit weniger Fleiß gemacht" als jene des Malers Abel. Colin fand dies zwar auch, gab aber der Regierung die Versicherung, „er wolle die Historien einen Weg als den andern fleißig in Stein hauen."

Zu den Hindernissen, welche sich Colins Arbeiten zum Grabmale Kaiser Maximilians I. in den Weg legten, zählen auch einige Anstände, die er mit seinen Gesellen hatte. Nicht bloß, daß die in Innsbruck grassirende Krankheit die Gesellen beunruhigte und sie zur Wanderung in andere Länder zu bestimmen drohte; auch anderwärtige Meister, die von der in Colins Werkstätte zu Innsbruck herrschenden Kunstthätigkeit Kunde erhielten, bemühten sich, diese Gesellen an sich zu ziehen, so namentlich Meister Nikolaus Vanieder, Bildhauer und Bürger in Salzburg. Auf Bitte und Beschwerde Colins richtete deshalb die Regierung am 30. April 1563 an Bürgermeister und Rath der Stadt Salzburg ein Schreiben, in welchem sie sich beschwert, daß besagter Meister dem Colin seine Gesellen abwendig mache und durch seine vielen Schreiben dieselben „nit allein abgedingt, sondern auch vertrieben und in der Arbeit trutzig und unwillig werden." Wenn hier nicht zeitlich eingegriffen werde, so könne die dem Meister Colin aufgetragene Arbeit aus Mangel an Gesellen nicht zu Ende gebracht werden. Die Regierung finde die Beschwerde Colins gerecht und ersuche daher, dem Bildhauer Vanieder für sein Vorgehen einen Verweis zu geben und dem Salzburger Boten bei Strafe zu verbieten, Briefe von Vanieder an die Colin'schen Gesellen zur Beförderung zu übernehmen.

Der Werth, welcher allerorts auf Niederländer Bildhauer gelegt erscheint, ist wie die Berufung Colins und seiner Arbeitsgenossen aus so weiter Ferne ein thatsächlicher Beweis, daß es in dieser Zeit mit dieser

Kunst in deutschen Landen schlecht bestellt war. Die Niederlande gingen in diesem Kunstzweige allen anderen Ländern, Italien vielleicht ausgenommen, voran. Doch scheint man auch in Frankreich die Kunst, den Marmor für derlei subtile Darstellungen zu behandeln verstanden zu haben; denn als im Jänner 1565 Erzherzog Ferdinand einen Bildhauergesellen aus Colins Werkstätte, welcher eine Arbeit selbständig übernehmen und ausführen könnte, geschickt wissen wollte, empfahl der Meister zwei Gesellen in Nürnberg, Franzosen, welche schon früher einmal für Se. Durchlaucht gearbeitet hätten. Er wisse jedoch nicht, sagt Colin, ob er dieselben bekommen könnte, der Erzherzog möge daher von seinem Hofe aus in Nürnberg sich darüber erkundigen lassen. Ueber seine Gesellen bemerkte Colin, daß er unter allen keinen habe, „der ein Werk für sich allein außerhalb eines Meisters verrichten könnte." Auch seien seine Gesellen „etwas in Wachs zum Guß zu schneiden, zu formiren oder zu bossiren nicht geübt noch erfahren." Aus dieser Aeußerung Colins geht unzweideutig hervor, daß er das Modelliren ausschließlich als seine eigene Aufgabe betrachtete.

Während die Arbeit an den Reliefbildern wegen Mangel an Zeichnungen nur langsame Fortschritte machen konnte, ja zeitweilig völlig unterbrochen werden mußte, beschäftigte sich Colin mit den übrigen Arbeiten zum Grabmale. Es wurde ihm nämlich übertragen die Modellirung 1) des knienden Kaiserbildes, 2) der drei noch fehlenden virtutes, 3) der bereits früher erwähnten „Kinder", welche ihren Platz vor und hinter dem Bilde des Kaisers und auf dem Kranzgesimse des Mausoleums finden sollten, sowie der Adler und Wappen und endlich 4) der Kriegsembleme, welches Bronceornament jetzt die zweite Stufe des Sarkophagsockels schmückt.

Für das Bild des Kaisers sammt Kissen und Decke waren 30 Centner Metall und 3 Centner Wachs präliminirt, für das Schneiden des Bildes, wie Colin verlangte, hundertfünfzig Gulden, für die drei virtutes 30 Centner Metall und 3 Centner Wachs und für das Schneiden zweihundert Gulden, endlich für die Kriegsembleme von 36 Werkschuh Länge 10 Ctr. Metall, 80 Pfund Wachs und für das Schneiden hundertachtzig Gulden.

Der von Colin für das Schneiden des sämmtlichen in Erz zu gießenden Bildwerkes verlangte Preis von tausend Gulden und die Bestreitung seines Unterhaltes wurden von Sachverständigen, nämlich Hofbaumeister Paul Uschall, Gregor Löffler, Hans Christof Löffler und Hofbauschreiber Kener als billig und gerecht anerkannt. In ihrer schriftlichen Aeußerung vom 18. Jänner 1565 erklären sie, daß Meister Colin das von ihm Verlangte „wohl verdiene", und sie ihm nichts abgesprochen wissen möchten.

Er werde seine Arbeit ohne allen Zweifel „sauber und fleißig" verrichten, und es wäre „nicht bald einer zu bekommen", der diese Arbeit um solchen Preis übernehmen würde. So „künstliche Meister", wie Colin, seien mit geringem Gelde nicht hieher zu bringen. Auch sei zu bedenken, daß Colin, so lange er an den vier großen Bildern (Kaiser Maximilian und drei virtutes), die er in der Werkstätte Löfflers machen müsse, arbeite, mit seinen Gesellen einen weiten Weg zu machen hätte*)

Nach einer weiteren Verhandlung der Regierung mit Colin ermäßigte dieser seine Forderung auf neunhundertfünfzig Gulden für das Schneiden des Bildwerkes und seinen Unterhalt, worauf ihm die Arbeit zu sofortiger Ausführung übertragen wurde. Den nöthigen Gyps (15 Ctr.) bestellte die Regierung den 28. April in Ratenberg.

Ueber diese Arbeit Colins liegt uns nur noch ein weiteres Actenstück vor, nämlich vom 23. October 1565, in welchem gesagt wird, daß dem Meister die Arbeit nicht mehr gelassen, sondern abgenommen werde. Unter obigem Datum theilt nämlich die landesfürstliche Kammer dem Hofbaumeister Paul Uschall und dem Rath Michael Schenk, dem Gießer Hans Christof Löffler und dem Bauschreiber Kener eine Supplication Colins mit dem Bemerken mit, sie mögen daraus ersehen, „wie und welchermassen er der Bezahlung von wegen der verbrachten Arbeit an den Bildern und anderen Stücken, so ihm zu schneiden angedingt worden, begehren thut." Die genannten Commissionsglieder hätten von solcher Arbeit gutes Wissen, und da dem Colin diese Arbeit „yetzo nit mehr gelassen, sondern abgenommen" würde, so sollten sie untersuchen, wie dem Meister die Arbeit Stück für Stück angedingt worden sei, und was er dafür beanspruchen könne. Darauf sollten sie mit ihm wegen der Bezahlung sich vergleichen und abfinden. Sie sollten ferner erheben, ob und was er außer der verdingten Arbeit gemacht habe und auch darüber mit ihm abkommen. Nachdem endlich Colin „jetzt, weil ihm solche angedingte Arbeit genommen" würde, eine Entschädigung dafür verlange, daß er die Gesellen weither habe kommen lassen müssen, halte die Kammer dafür, daß, nachdem ihm die Arbeit „ziemlich hoch angedingt worden", er sich mit der Bezahlung nach dem Geding zufrieden geben soll, es komme ihr jedoch auf zehn bis fünfzehn Gulden nicht an.

---

*) Löffler hatte seine Gießerei in Büchsenhausen, dem später durch den Kanzler Wilhelm Biener berühmt gewordenen Ansitz, welcher vom Hause Colins jedoch kaum eine Viertelstunde entfernt ist.

Ueber den Grund dieser Arbeitsabnahme liegt, wie gesagt keine gleichzeitige urkundliche Andeutung vor, doch dürfte er darin zu suchen sein, daß, wie aus einem Berichte der landesfürstlichen Kammer an Erzherzog Ferdinand vom 17. März 1582 hervorgeht, Colin selbst und vor ihm Hans Christof Löffler den ihnen angetragenen Guß der für den Sarkophag bestimmten Bilder nicht zu übernehmen wagten und diese ganze Arbeit daher verschoben werden mußte. Zum Gusse fertig gestellt hatte Colin nur etliche von den nicht mehr zur Verwendung kommenden Stücken (Genien, Adler, das kaiserliche Wappen), dann das Trophäen-Ornament für den Sockel des Grabmals und einen Brunnen, über welch letzteren später ausführlich berichtet werden soll.

Auf den Bericht der Commissionsmitglieder über den Befund der Arbeiten Colins beauftragt die Kammer die Commission, mit dem Meister nach dem Geding abzurechnen, da die Stücke „den Visierungen gemäß, auch sonst wohl geschnitten seien." „Dieselben Bilder und Stücke" soll nun Colin dem Löffler zum Gießen zusammenrichten, die Patronen von Gyps aber, „darein er die Bilder und andere Stuck von Wachs gegossen", habe er dem Löffler zuzustellen, damit dieser, falls ein Guß mißrathen sollte, wieder darnach gießen könnte. Für das kaiserliche Wappen, sowie als Entschädigung für die Berufung der Gesellen hätte sie den Betrag von zwanzig Gulden für hinreichend befunden, wolle aber „ihm hiemit fünfundzwanzig Gulden dafür passirt haben." Die landesfürstliche Kammer, welche gegen Ende des Jahres 1565 durch die vielen Bauten des Erzherzogs Ferdinand in Innsbruck, in Ambras, im Thiergarten u. s. w., sowie durch die sonstigen Kunstbestrebungen des neuen Landesfürsten völlig erschöpft war, hatte Colin in diesem Jahre doch die für die damalige Zeit beträchtliche Summe von tausendsiebenhundert Gulden und im folgenden Jahre den für seine Arbeiten zum Grabmale noch gebliebenen Rest von tausendvierhundertfünfzehn Gulden ausbezahlt.

Mit Ende des Jahres 1565 hatte Colin die Reliefbilder bis auf zwei, im März 1566 auch die letzte der „Historien" und damit ein Werk vollendet, in dessen Bewunderung selbst der ewig wechselnde Geschmack der Menschen sich treu geblieben ist.*) Wir haben bereits gesehen, wie

---

*) Ich muß mich leider auf die Geschichte der Colin'schen Reliefs beschränken und die nähere Beschreibung der einzelnen Bildwerke, deren reicher Inhalt nicht bloß in künstlerischer, sondern auch in historischer und culturhistorischer Beziehung von hohem Interesse ist, unterlassen; in kurzer Form und ohne Beigabe von Abbildungen könnte sie ohnedies für den Leser nur von zweifelhaftem Werthe sein. Ich verweise daher

gleichzeitige Kunstgenossen, namentlich Gregor und Hans Christof Löffler die Arbeit des Meisters schätzten und wie Erzherzog Ferdinand auf sein und das allgemeine Urtheil sich stützend Alexander Colin als einen „besonders künstlichen und geschickten" Meister bezeichnet hat. Selbst die größten Bildner der Neuzeit haben dem alten Meister ihr Lob gezollt; Thorwaldsen bezeichnete die Reliefbilder Colins geradezu als „unerreichte Meisterstücke." Wohl mit gerechtem Stolze konnte Alexander Colin nach der Aufstellung des Grabmals in die Stirnseite desselben die Worte eingraben: Alexander Colinus Mechliniensis sculpsit anno MDLXVI.

Zu dieser Zeit trug sich Colin auch mit dem Gedanken, „das aufgesetzt Grab in Druck ausgehen zu lassen" und erbat sich diesfalls auch bereits die Unterstützung des Erzherzogs, sowie dessen Fürsprache beim Kaiser, damit dieser ihm ein Privileg ertheile und sein „Werk" innerhalb zehn Jahren nicht nachgedruckt werde. Ueber dieses interessante Vorhaben Colins liegen leider keine näheren Andeutungen vor, und wir wissen daher nicht, ob er eine Ansicht des ganzen Grabmals oder der einzelnen Reliefs in Druck geben wollte. Unter dem Druck verstand er ohne Zweifel die Vervielfältigung durch den Kupferstich. Lag dies in der Absicht Colins, so würde er diese Arbeit wohl einem der beiden ihm so befreundeten Kupferstecher, Dominikus Custos und Lucas Kilian, übertragen haben.

Die Reliefbilder wurden bis zur Versetzung des Grabmals in der landesfürstlichen Kammer (das Gebäude mit dem goldenen Dächlein), dann in der Bibliothek des an die Kirche anstoßenden Klosters (jetzt Gymnasium) aufbewahrt. Bei dem großen Erdbeben, von welchem 1572 Innsbruck heimgesucht wurde, hatte der für sein Werk besorgte Meister die Reliefbilder, um sie vor Zerstörung oder Beschädigung zu sichern, in das Sommerhaus des Hofgartens gebracht.

Die Reliefbilder blieben nicht bloß bis zu deren Versetzung unter Aufsicht des Bildhauers Colin, sondern wurden auch nach der Aufstellung des Grabmals wie auch dieses selbst unter seine Obhut gestellt. Die Schlüssel zum Grabmale blieben in seinen Händen und all die hohen Persönlichkeiten, welche nach Innsbruck kamen und die berühmten Reliefs des Mausoleums näher besichtigen wollten, waren an Colin angewiesen. Ihm ward auch die Verpflichtung auferlegt für die Reinhaltung der Bildwerke

---

auf die ältere Beschreibung Primissers in seinem Büchlein „Denkmäler der Kunst und des Alterthums in der Kirche z. hl. Kreuz in Innsbruck" S. 14 f. und auf die vorzüglichen Photographien der vierundzwanzig Reliefbilder, welche in neuerer Zeit durch die Kunsthandlung Czichna in Innsbruck hergestellt worden sind.

zu sorgen. Diese wurden bis auf die neueste Zeit durch mit Leinwand bespannte Rahmen bedeckt, welche gegen den Staub nur wenig schützten, die Besichtigung erschwerten und durch das fortwährende Abnehmen und Verschließen die zarteren Theile der Sculptur selbst gefährdeten. Man hatte zwar schon bei der Aufstellung des Grabmals daran gedacht, die Reliefbilder durch Glas zu schützen, allein die Glasmacher jener Zeit waren nicht im Stande, Glastafeln von der Größe der Reliefbilder zu erzeugen. Jetzt sind diese durch die Vorsorge des ersten Obersthofmeisters des Kaisers, Prinzen zu Hohenlohe, durch feinstes Tafelglas geschützt und können von jedem Besucher der Hofkirche ohne weiteres gesehen werden.

Die erste Reinigung der Reliefbilder des Maximilianischen Grabmals fand Ende 1577 statt. Den Anlaß dazu gab jedoch nicht etwa angesammelter Staub und Schmutz, es hatten sich vielmehr gelbe „Mailer und Flecken" im Marmor selbst gezeigt. Man schrieb diese Erscheinung dem Einfluß des zur Zeit noch nicht angestrichenen, das Grabmal umschließenden Eisengitters zu. Colin, welcher von der Regierung zuerst um ein Gutachten hierüber angegangen wurde, erklärte sich bereit, die Reinigung des Marmors vorzunehmen; er hielt aber für nothwendig, daß die einzelnen Stücke zu diesem Zwecke herausgenommen würden, was die Zerlegung des ganzen Grabmals vorausgesetzt hätte. Er war übrigens nicht der Ansicht, daß die Flecken im Marmor durch äußeren Einfluß sich gebildet hätten, sondern von dem Gemäuer innerhalb der Marmorplatten herrühren. Die Innsbrucker Maler Paul Trabl und Christof Perkhammer, welche eben mit der Fassung und Vergoldung des Gitters beschäftigt waren, erboten sich dagegen „ohne Malereizeug oder Farben" dem Uebelstande abzuhelfen und dabei nichts anderes als „lauters, destilirts und gesottens Waffer" zu gebrauchen. Die Regierung empfahl nun dem Erzherzog, die Arbeit nicht dem Colin, sondern den beiden Malern zu übertragen. Das Zerlegen des Grabmals, sagt sie in ihrem Berichte vom 18. November 1577, würde große Kosten verursachen und es könnten auch dabei die einzelnen Stücke, welche beim Aufsetzen desselben mittelst Eisenwerk in einander verschleudert und mit Blei vergossen worden seien, Schaden nehmen. Wenn Colin die Arbeit zu machen erhielte, würde er dieselbe, da sie nur im Sommer gemacht werden könnte, vielleicht erst in einem, zwei oder drei Jahren zu Ende bringen. Es sei ferner zu bedenken, daß das Gitter ebenfalls abgebrochen werden müßte, wodurch dasselbe auch nicht besser würde. Sie könne also nur rathen, die Arbeit den beiden Malern zu übergeben, zumal sie eine Probe gemacht hätten, nach welcher, wie die

Kammer mit eigenen Augen gesehen habe, die Stücke „dermassen schön, sichtbar und weiß gemacht erscheinen, als solche zuvor yemals geweft sein." Auch würden die Maler in vierzehn Tagen mit dieser Arbeit fertig werden, worauf sie dann sofort das bereits mit rother Farbe angestrichene Gitter malen und vergolden könnten.

Die Entscheidung des Erzherzogs in dieser Sache ist nicht bekannt, sie ist jedoch fast zweifellos im Sinne des Antrags der Kammer ausgefallen. Eine Zerlegung des Grabmals, wie sie Colins Angebot als nothwendig bezeichnete, hat jedenfalls nicht stattgefunden.

Im Jahre 1569 ging man endlich auch daran, das Kaiserbild und die vier virtutes herstellen zu lassen. Ueber Aufforderuug der Regierung hatte Colin am 4. Jänner 1569 einen Kostenvoranschlag übergeben, nach welchem er, wie im Jahre 1565, für die Modellirung des knienden Kaisers hundertfünfzig Gulden und für die Modellirung der virtutes zweihundert Gulden forderte, obwohl er damals nur drei solche Bilder zu machen gehabt hätte, während er jetzt alle vier neu boffiren müßte, da die von Bildhauer Noe Lener modellirte virtus „mit zu gebrauchen" war, und die vier Bilder auch in kleinerem Maßstabe, als ursprünglich bestimmt war, ausgeführt werden sollten. Die vier virtutes wurden nun in der That von Colin modellirt und zum Gusse hergerichtet. Der Guß selbst erfolgte 1570.

Nun blieb immer noch die Herstellung des Kaiserbildes übrig, welches das Grabmal krönen sollte. Eine „große gemalte Form, wie das Bild sein solle", war vorhanden. In Folge der übertriebenen Forderungen des Gießers Hans Lendenstreich*) wurde aber diese Arbeit neuerlich verschoben. Auch Colin hatte höhere Bedingungen gestellt denn zuvor. Erst im Jahre 1582 kam die Angelegenheit wieder in Fluß, und wurde mit Colin und dem Gießer Ludovico de Duca darüber verhandelt. Colin übernahm es nun, „das Bild mitsammt dem Kiß und der Decken, darauf der Kaiser kniet", für hundertfünfzig Gulden zu schneiden." Nach langen Verhandlungen wurde im Jänner 1583 der Vertrag mit dem Gießer abgeschlossen. Derselbe enthält auch die Bedingung, daß der Gießer, wenn der Guß mißrathen sollte, das Bild auf eigene Kosten durch Alexander Colin neu schneiden lasse.

Colins Sohn, Abraham, welcher inzwischen von seinem Vater zum Bildhauer herangebildet worden war, spricht in seinem oft erwähnten

---

*) So unterzeichnet sich der Meister in den von ihm vorliegenden Schriftstücken selbst.

Promemoria auch von dieser Arbeit. Das Bildniß, sagt er, sei von ihm (also nicht von seinem Vater) „anfangs von Erde bosiert" worden, und nachdem es von Erzherzog Ferdinand besichtigt worden war, habe er „darüber ein Modell von Gyps und von Wachs zum Guß gerichtet." So ward denn endlich die fast durch ein Jahrhundert sich durchziehende Arbeit des Grabmals Maximilians I. zu Ende gebracht.

Nach Vollendung seiner Arbeiten für das Grabmal hatte Colin vor, Innsbruck zu verlassen. Der Kammerpräsident Blasius Khuen von Belasi, welcher die Oberaufsicht über die gesammte „Grabarbeit" zu führen hatte, mit Colin in steter Verbindung stand und den Meister sehr hoch schätzte, äußerte sich, als er von dem Vorhaben Colins hörte, gegen denselben, daß ihm, wenn er mit einem leidlichen Wart- und Dienstgeld sich begnügen wollte, wohl ein solches bis zur Ankunft des Erzherzogs und dessen fernerem Entschlusse gereicht werden könnte. Colin übergab auf dieses dem Präsidenten eine schriftliche Aeußerung, in welcher er sagt, er sei in der That ganz entschlossen gewesen, von Innsbruck wegzuziehen und an anderen Orten sein Auskommen zu suchen, welches er „auch ohne Mittel bei andern Potentaten und Herrn zu bekommen wüßt"; da aber der Erzherzog ihn als besoldeten Diener zu erhalten wünsche, erbiete er sich, ihm vor anderen zu dienen, er verlange aber jährliche hundertfünfzig Gulden und, wie bisher, freie Wohnung und Holz, ferner daß er stets Arbeit erhalte und „nach Gelegenheit eines jeden ausbereiteten Stückes" bezahlt werde, da er mit der erwähnten Provision feiernd nicht auslangen, seine, wenn auch noch so karg bezahlten Gesellen nicht erhalten und sein Haushaben an diesem Orte nicht bestreiten könnte. Die verstorbenen beiden Bildhauer (Abel) hätten für jedes Stück vierzig Gulden mehr als er erhalten, und der Kaiser habe sie überdies noch vertröstet, auch ihre Kinder und Kindskinder von solcher Arbeit wegen zu bedenken.[*] Er hoffe daß die von ihm zu Ende gebrachte Arbeit trotz der geringeren Bezahlung „ebenso wohl und gut" befunden werde, wie jene der verstorbenen Bildhauer. Er habe die Gesellen auf eigene Kosten von weiten Orten hieher gebracht und durch das verzögerte Eintreffen der Visirungen großen Nachtheil erlitten, glaube also zum Beschluß der Arbeit auf „eine stattliche Verehrung und Ergötzlichkeit" hoffen zu dürfen. Er könne in Wahrheit und „so hoch einem jeden ehrlichen Mann eine Wahrheit zu reden oder

---

[*] Colins Sohn, Abraham, bezieht in seinem bereits oben erwähnten Promemoria diese den beiden Bildhauern Abel gemachte Vertröstung des Kaisers irrthümlich auf seinen Vater.

zu schreiben gebührt und zustehet", versichern, daß er für sich nichts habe erobern können, da er Alles, was ihm bezahlt worden sei, für sein Haushaben und seine Gesellen wieder ausgegeben hätte. Die Kammer sendete die schriftliche Aeußerung Colins an den Erzherzog und begleitete dieselbe mit einem vom 21. März 1566 datirten Schreiben, in welchem sie bemerkt, daß Colin sich irre, wenn er behaupte, daß man ihm eine jährliche Provision vorgeschlagen habe; das sei nicht der Fall. Des Meisters Begehren sei „viel zu hoch und übermäßig, die Kammer sei mit schweren Auslagen beladen und erschöpft, daher sie rathen müßte, „ihn der Dienste in Gnaden zu erlassen." In Betreff der von Colin begehrten Verehrung schlage sie vor, ihm „von des Haus Oesterreich Hoheit und Ehren wegen" ungefähr hundert Gulden zu verehren.

Während die Regierung in Betreff einer Verehrung für Colin die Entschließung des Erzherzogs einholte, ließ sie dagegen eine solche den vier Bildhauergesellen desselben, welche „von Anfang an Kaiser Maximilians Begräbnis gearbeitet und solche Arbeit gar verfertigen halfen", sogleich verabfolgen und zwar vierundzwanzig Gulden. Die Namen dieser Gesellen, welche so treu zu ihrem Meister gestanden und Antheil an seinem Ruhme haben, sind: Cornel Biselink, Anton Steinhauer, Franz Willnus und Heinrich Hagart.

Die Wünsche und Erwartungen, welche Colin in seinem Schreiben an die Regierung aussprach, konnten von ihm bald nachher dem Erzherzog Ferdinand selbst vorgebracht werden. Der Erzherzog hatte nämlich mit seinem Bruder Kaiser Maximilian die Herstellung eines Grabmals für Kaiser Ferdinand I. und dessen Gemahlin beschlossen und hiezu Meister Alexander Colin ausersehen. Am 23. März 1566 gab er der Regierung zu Innsbruck den Befehl, Alexander Colin zu ihm nach Prag zu senden, um mit ihm in dieser Grabmalsangelegenheit mündlich zu verhandeln. Ueber diese Reise Colins nach Prag wird später ausführlicher berichtet werden. Unterm 1. Juli 1566 befahl Erzherzog Ferdinand der landesfürstlichen Kammer in Innsbruck, dem braven Meister als Entschädigung für sein Versäumniß bei Anfertigung der Reliefbilder, sowie für die auf das Halten der Gesellen aufgewendeten Kosten hundert Gulden auszuzahlen und acht Tage später (9. Juli) nahm er Colin „als einen geschickten und ersamen Bildhauer" mit einer Besoldung von hundertfünfzig Gulden förmlich zu seinem Diener auf, ließ den üblichen Dienstbrief ausfertigen und dem Meister zustellen. Durch einen späteren Erlaß des Erzherzogs wurde dem Meister auch das bisher ihm jährlich verabfolgte Quartiergeld mit zwanzig Gulden, sowie das für den Hausbedarf nöthige Holz auch weiterhin zugestanden. Die abrathende Vorstellung der Regierung und der „ersaigerten" Kammer von Innsbruck hatte also keinen Erfolg und Alexander Colin wurden alle von ihm ausgesprochenen Wünsche erfüllt.

II.
Der Brunnen für den Thiergarten bei Innsbruck (1564).
Vgl. Tafel VIII.

Nach Vollendung der Reliefs zum Grabmal Kaiser Maximilians I. übernahm Colin zunächst die Modellirung eines Brunnens, welchen Erzherzog Ferdinand im Thiergarten bei Innsbruck errichtet wissen wollte. In diesem Thiergarten hatte nämlich der Erzherzog durch seinen Architekten Giovanni Luchese († 1581) ein Lustschloß mit zwei Stockwerken erbauen und das 1571 vollendete Bauwerk künstlerisch ausschmücken lassen. Die vier Ecken des fünfzehn Klafter langen und zwölf eine halbe Klafter breiten Gebäudes flankirten „vier geräumige Rondelle, so gleichsam vier Thürme vorstellen." An der nördlichen Langseite führte ein vorspringendes Treppenhaus (Schneckenstiege) zu den oberen Etagen. Das Schloß, welches 1651 der zur Zeit regierende Erzherzog Ferdinand Karl seiner Gemahlin Anna von Medicis schenkte, nach dem Aussterben der tirolischen Regentenfamilie aber zu verschiedenen Zwecken verwendet, 1775 sogar zu einem Zuchthause in Aussicht genommen wurde, hat im Laufe der Zeit eine Umwandlung erlitten, welche seine einstige Gestalt nicht mehr erkennen läßt. Es theilte nämlich das Schicksal des ebenfalls von Erzherzog Ferdinand, und zwar nach seinen eigenen Entwürfen erbauten Schlosses im Thiergarten zu Prag*) und wurde wie dieses zu einem Pulvermagazin adaptirt. Die vier Rondelle oder Thürme wurden weggerissen, das ganze

---
*) Erzherzog Ferdinand von Tirol als Baumeister. Repertorium für Kunstwissenschaft I. 28.

Innere lediglich zur Aufnahme von Pulver bis zur Höhe von 2000 Centner eingerichtet. Die Uebergabe des schon seit 1763 öfter für militärische Zwecke in Anspruch genommenen landesfürstlichen Lustschlosses an das General-Commando geschah im Jahre 1785. Die den Thiergarten bildende Grundfläche von 140,000 Quadratklaftern wie alle sonstige Zugehör wurde an die Meistbietenden verkauft, unter welchen sich auch der Erzgießer Müller von Innsbruck befand.

Zu dem für diesen Thiergarten bestimmten Brunnen hatte Erzherzog Ferdinand das „Modell" in Prag, wo er noch bis zur Uebernahme der Regierung des Landes Tirol residirte, anfertigen lassen. Für die Ausführung desselben wurde von ihm zunächst Meister Gregor Löffler, der alte bewährte Gießer in Innsbruck, ausersehen. Mit einem Schreiben ddo. Prag 12. November 1564 sendete der Erzherzog das erwähnte Modell an die Regierung in Innsbruck und beauftragte sie, dasselbe dem Gregor Löffler zu zeigen, mit ihm über den Guß zu verhandeln und einen Vertrag auf Ratification abzuschließen.

Gregor Löffler und sein Sohn Hans Christof erhielten am 1. December von der Regierung das Modell mit dem Auftrage, es zu studiren und darüber zu berathschlagen, dann sich zu äußern, welchem Bildhauer sie die Modellirung zu übertragen gedächten, wie viel Metall der Guß erfordere, wie schwer der Brunnen sein und endlich was er kosten würde. Der Brunnen solle „nit schwer oder stocket (an anderer Stelle „plocket" d. h. plump), aber doch werhaft und stark geschnitten und aufs zierlichist gegossen werden."

Der alte Löffler erklärte sich bereit, die Arbeit zu übernehmen, sie aber auszuführen müßte er „wegen seiner langjährigen Schwachheit, damit er beladen" sei, seinem Sohn Hans Christof überlassen, welcher jedoch allen möglichen Fleiß anwenden und „die Arbeit aufs zierlichist und best vollenden" werde.

Gregor Löffler hatte sich auch bereits mit Alexander Colin ins Einvernehmen gesetzt und dieser machte sich anheischig, den Brunnen gegen Bezahlung von 200 Thalern zu modelliren.

Das Gewicht des Brunnens, glaubt Löffler, müsse bei der Weite des Beckens, jedenfalls auf 50 Centner veranschlagt werden; genau lasse sich dasselbe nicht bestimmen. Ebenso könnte er, bevor der Bildhauer den Brunnen nicht „in Wachs geschnitten" hätte, auch die Zeit nicht angeben, binnen welcher der Brunnen vollendet werden möchte. Zum Schneiden des Brunnens brauche der Bildhauer jedenfalls ein halbes Jahr Zeit. Endlich müsse er (Löffler) noch bemerken, daß er die Arbeit nicht ausführen könnte, bevor er nicht für den Erzbischof von Salzburg eine Anzahl Geschütze gegossen und beschossen hätte. Die Bezahlung überlasse er ganz Sr. Durchlaucht und der Regierung, die ihn wohl zu bedenken wüßten.

Die Regierung, welche Löfflers schriftliche Meinungsäußerung dem Erzherzoge am 24. December mittheilte, glaubte, daß der Brunnen auf eilf- oder zwölfhundert Gulden zu stehen kommen würde. Mit Colin habe sie auch durch Paul Uschall unterhandeln lassen. Außer Colin wüßte sie nämlich keinen Meister, der zu dieser Arbeit zu brauchen wäre.

Der Erzherzog erklärte sich einverstanden, daß der Brunnen von Alexander Colin geschnitten und von Hans Christof Löffler gegossen werde, fand auch den Preis von eilf- bis zwölfhundert Gulden angemessen und befahl daher der Regierung mit Erlaß vom 10. Jänner 1565 dafür zu sorgen, daß der Brunnen durch die genannten Meister ehemöglichst hergestellt werde. Auch soll die Regierung der Sache ihre Aufmerksamkeit und Förderung angedeihen lassen.

Inzwischen erhielt die Regierung einen von Hofbaumeister Uschall, den beiden Löffler und dem Hofbauschreiber unterzeichneten Bericht über die Verhandlung, welche von ihnen dem Auftrage gemäß mit Colin des Preises wegen geführt worden war. Die Regierung hatte nämlich den Preis zu hoch gefunden, da der Brunnen „nit sonders hoch und die Schüssel zwar viel Zeugs, aber wenig Arbeit erfordere." Colin, versichern nun die genannten Berichtgeber, sei nicht zu bewegen, weiter als auf zweihundert Gulden herabzugehen, und was das Metallgewicht anbelange, hätten sie gefunden, daß das Werk, wenn es nach der Visirung ausgeführt werden soll, geringer nicht herzustellen sei. Die Schüssel oder das Becken sei eben weit und werde ausgeführt ganz anders als „im Gemäl" aussehen. Wohl aber könnten durch das Weglassen der „Knorren oder Büggl" nahe an zehn Centner Metall erspart werden.

Die Regierung, welche am 6. Februar diesen Bericht dem Erzherzoge mittheilte, bemerkte hiezu, sie habe, da Colin zu weiterer Ermäßigung des Preises nicht zu bewegen sei, ihm die Ausführung der Arbeit übertragen, jedoch bedeutet, daß er die „Knorren oder Bückel" vorläufig nicht schneide, sondern nur die anderen Stücke „es sei am Kar [Schüssel] oder an der Brunnensäule, so fürauf geht." Die Entscheidung, ob zur Erspariß von zehn Centner Metall die „Knorren oder Bückel" wegzubleiben hätten, oder der Brunnen nach der gegebenen Zeichnung ausgeführt werden soll, stelle sie Sr. Durchlaucht Ermessen anheim. Nach ihrer Rückkehr — die Regierung hatte der in Innsbruck herrschenden Pest wegen noch immer ihren

Sitz in Sterzing — werde sie für die Beischaffung des nöthigen Metalls Sorge tragen. Dem Meister Hans Christof Löffler aber wurde unterm 9. Februar der Auftrag ertheilt, alles vorzubereiten, um den Brunnen, sobald er von Colin geschnitten sein würde, gießen zu können.

Aus einem weiteren Berichte der Regierung an Erzherzog Ferdinand, nämlich vom 26. Februar 1565 erfahren wir nun auch Näheres über die Gestalt dieses Brunnens. Die Regierung schreibt nämlich Sr. Durchlaucht, Alexander Colin habe in Betreff dieses Brunnens allerlei Bedenken, „erstlich, daß der Aktäon mit dem Hirschenkopf, der zu oberst auf der Prunnenseul steet, auf das meist über ain Span nit hoch, desgleichen auch die drey Göttinnen, so gleich darunter steen, auch etwas zu klein sein sollen, und wo diese Bilder nit größer und stattlicher weder [als] das überschickt Modell ausweist, gemacht wurden, dieselben sonderlichen im Thiergarten gar kein Ansehen haben und unerkanntlich sein würden." Colin sehe deshalb für gut an, daß diese Bilder „umb etwas tapferer und größer gemacht" werden sollten.

Erzherzog Ferdinand genehmigte unterm 27. Februar 1565 die Abmachung der Regierung mit Alexander Colin, befahl jedoch, den Brunnen genau nach dem übersendeten Modell ausführen zu lassen; speciell sollten „die Knorren oder Büggel an solchem Brunnen" nicht weggelassen werden. Da dieser Brunnen „sonst zimblich viel gestehen wirdet", so wolle er es „an diesem Wenigen auch nicht erwinden lassen." Mit Löffler aber möge die Regierung verhandeln, damit er den Brunnen ehemöglichst und mit allem Fleiße gieße.

Auch die von Colin vorgebrachten und ihm mitgetheilten Bedenken in Betreff der Größe des Aktäon und der drei Göttinnen theilte der Erzherzog nicht und erledigte die betreffende Zuschrift der Regierung mit der Weisung, den Brunnen genau nach dem Modelle auszuführen. Der Erzherzog war aber doch offenbar über die Sache nicht ganz beruhigt; denn am 5. Juni schreibt er an die Regierung zu Innsbruck, er habe von seinem Oberstkämmerer Alois Grafen zu Lodron, dem er diesfalls besonderen Befehl gegeben, gehört „daß zu Ausmachung des Brunnens etliche Stuck nit wol proportionirt sein sollen." Es soll daher vorläufig nur mit der Verfertigung der wohl proportionirten Stücke fortgefahren werden, bezüglich der anderen aber werde er nach seiner Ankunft in Innsbruck das Weitere verfügen.

Im November 1565 war der Brunnen von Seite Colins noch nicht ganz vollendet. Am 12. November erhielt er nämlich von der landesfürstlichen

Kammer den Auftrag, die noch fehlenden Stücke zu demselben zu verfertigen. Es waren dies jedoch Stücke von untergeordneter Bedeutung, da die Kammer deren Kosten nur auf zwei bis drei Gulden veranschlagte. Zum Gusse des Brunnens kam es jedoch zur Zeit nicht, und Colin erhielt von der Kammer den Befehl, die Stücke bis auf Weiteres in seiner Verwahrung zu behalten.

Es frägt sich nun: Ist dieser Brunnen auch wirklich gegossen worden, und wenn dies geschehen, ist er uns erhalten geblieben?

Da weder in den Rechnungsbüchern der landesfürstlichen Kammer eine Ausgabe für den Guß verzeichnet erscheint, noch in den Acten darüber irgend eine Andeutung zu finden ist, so hat der Erzherzog den von Colin bereits modellirten Brunnen offenbar nicht mehr gießen lassen. Dennoch glaube ich, daß dieses Werk nicht nur durch den Guß vollendet wurde, sondern auch uns erhalten geblieben ist.

Das Krönen des Brunnenaufsatzes, der „Brunnensäul", mit der Figur des Aktäon ist ein so ungewöhnlicher Gedanke, daß, wenn im Lande ein auf diese Weise gezierter, in Erz gegossener Brunnenaufsatz gefunden würde und seine sonstige Gestalt und Größe demjenigen, was ich oben urkundlich darüber mittheilen zu können in der Lage war, nicht widerspräche, jedem sich die Vermuthung aufdrängen würde, es sei dies der Aufsatz des von Erzherzog Ferdinand bei Colin und Löffler bestellten Brunnens.

Der den Brunnenaufsatz krönende Aktäon war, wie die Regierung in ihrem Schreiben an den Erzherzog sagt, „auf das meist über ein Span nit hoch", darunter aber befanden sich „drei Göttinnen", welche „auch etwas zu klein" befunden wurden. Nun existirt aber wirklich ein in Erz gegossener Brunnenaufsatz, auf welchem zuhöchst die Figur des Aktäon steht, welche in der That höchstens eine Spanne hoch ist; unter derselben aber erblickt man auch wirklich drei Göttinnen, welche „auch etwas klein" erscheinen, nämlich drei Violine spielende Sirenen. Darnach unterläge es wohl keinem Zweifel, daß dieser Brunnenaufsatz derjenige ist, welchen Colin modellirt hat, wäre am Fuß desselben das erzherzogliche Wappen und nicht jenes der Familie Madrutz angebracht. Doch auch das läßt sich erklären, und zwar gerade aus dem Umstande, daß das landesfürstliche Archiv über den Guß des Brunnens durch Löffler keinerlei Andeutung enthält, woraus zu schließen ist, daß derselbe für den Erzherzog nicht mehr gegossen worden ist; da aber an dem vorhandenen Modell des Brunnens nur das Wappen entfernt und durch ein anderes ersetzt zu werden brauchte, um ihn so als das Eigenthum eines anderen Herrn zu kennzeichnen, so ist es begreiflich, daß ein Kunstfreund die Disponibilität des mit großen Kosten hergestellten Modells des originellen Brunnens sich zu Nutzen machte. Dieser Herr aber war nach dem Wappen, welches jetzt den Fuß des Brunnenaufsatzes ziert, ein Herr von Madrutz, wahrscheinlich der durch seinen Kunstsinn bekannte Cardinal Bischof von Trient Christof von Madrutz († 1567), oder der Cardinal Karl von Madrutz († 1629). Der Brunnenaufsatz befand sich auch thatsächlich in Welschtirol, in Roveredo. Er wurde hier von Sr. kaiserlichen Hoheit Erzherzog Karl Ludwig zur Zeit seiner Statthalterschaft in Tirol käuflich erworben und der im Schlosse Ambras noch befindlichen Sammlung von Kunst- und Alterthumsgegenständen, welcher der kunstfreundliche kaiserliche Prinz auch sonst manch werthvolles Stück zuführte, einverleibt. Vor etlichen Jahren jedoch kam das Stück nach Wien, wo es in der „Ambraser Sammlung" seinen Platz fand.

Der ganze noch vorhandene Theil des bronzenen Brunnenaufsatzes hat eine Höhe von 146 cm. Auf der mit dem Madrutz'schen Wappen gezierten, vasenförmigen Basis stehen vier weibliche Figuren mit Musikinstrumenten, feine Röhren haltend, welche aus dem Rachen eines Delphins aufsteigend zum Wasserspeien bestimmt sind. An der nun etwas verjüngt aufsteigenden Säule sitzen etwas höher vier wasserspeiende Maskarons und auf dem „Capitäl" der Säule die drei, von Colin als „zu klein" bezeichneten „Göttinnen", Violine spielende Sirenen, und abwechselnd drei wasserspeiende Seepferde mit darauf reitenden Putten. Zunächst darüber sind vier bogenförmig nach aufwärts gerichtete Wasserröhren angebracht. Auf der den Aufsatz krönenden, mit vier wasserspeienden Maskarons in lorbeerbekränzten Medaillons gezierten Kugel steht die nicht volle 20 cm hohe Figur des Aktäon mit einer stabförmigen Wasserröhre in der Hand und einem Wasserröhrchen im Munde seines Hirschkopfes.

III.

Das Grabmal für Kaiser Ferdinand I., dessen Gemahlin Königin Anna und Kaiser Maximilian II. im Dome zu Prag (1564—1589).

Vgl. Tafel IX und X.

Nach letztwilliger Anordnung des am 25. Juli 1564 verstorbenen Kaisers Ferdinand wollte er im Dome zu St. Veit in Prag begraben werden; es soll, verlangt sein Testament von 1543, ein Grab von weißem Marmor gemacht und darin oben ringweise mit goldenen Buchstaben sein Name, Herkommen, Titel und seine Todeszeit bemerkt werden.*) In dem Codicill von 1547 traf der Kaiser auch eine Anordnung bezüglich des Grabmals seiner Gemahlin. Auf die Begräbnißstätte der Königin soll ihr Bild in weißem Marmor aufrecht gestellt werden mit fünf Engeln zu ihren Füßen, welche ihr und ihrer vier Ahnen Wappen halten.**)

Die zwei älteren Söhne des Kaisers, Maximilian und Ferdinand, ließen es sich frühzeitig angelegen sein, ihrem Vater ein würdiges Grabmal zu errichten.

Schon im October 1564 hatte Kaiser Maximilian der Regierung zu Innsbruck Auftrag gegeben, Proben von Marmor, welcher für das Grabmal sich eignen könnte, ihm einzusenden, und Erzherzog Ferdinand, welcher das Werk ebenfalls „befördert sehen" wollte, ermahnte die Regierung mittelst Schreiben ddo. Prag, 23. October, dem Kaiser die verlangten Proben ehestens zukommen zu lassen.

Am 30. December 1564 erhielt Erzherzog Ferdinand in Prag von seinem Bruder außer einer Abschrift des väterlichen Testamentes bereits das Maaß des „kaiserlichen Sarges", zu welchem Ferdinand ein „Modell baider der kaiserlichen und kuniglichen Grabstain" anfertigen lassen sollte. Der Erzherzog erwiderte am 8. Jänner 1565 seinem Bruder, er sei gerne und wie es auch seine Pflicht erheische, hiezu bereit; allein die Herstellung

---

*) Bucholtz, Gesch. Ferd. I. Bd. 8. S. 740.
**) Bucholtz ebendas. S. 746.

eines Modells hänge nicht von ihm und seinem guten Willen ab. Von den Meistern in Prag könne er ein solches nicht erhalten. Obwohl er sich „in Sonderheit auf einen verlassen und getröstet", habe er doch „auch bei ihm nichts ausrichten können." Sein Bruder möge daher selbst das Modell anfertigen lassen und ihm zusenden, um dann auf Wunsch das Weitere besorgen zu können oder es möge der Kaiser einen tauglichen Meister von Wien, wo dergleichen Künstler leichter als in Prag zu bekommen seien, zu ihm nach Prag senden, um mit demselben dann das Modell herzustellen.

Erzherzog Ferdinand hatte schon vor Empfang des Schreibens seines Bruders auf Colins Werkstätte sein Augenmerk gerichtet, da er, wie schon einmal erwähnt, am 17. December 1564 die Regierung zu Innsbruck beauftragte, einen von den am Grabmale Kaiser Maximilians beschäftigten Bildhauergesellen nach Prag zu senden.

Ob Erzherzog Ferdinand bei dieser, bald nachher wieder zurückgenommenen Berufung eines Gesellen Colins die Anfertigung des Grabmals für Kaiser Ferdinand und dessen Gattin oder eine andere Arbeit im Auge gehabt hat, ist um so weniger festzustellen, als über die Angelegenheit der Errichtung jenes Grabmals bis zum 23. März 1566 keine weitere Nachricht vorliegt. Unter diesem Datum aber beauftragte Erzherzog Ferdinand die Regierung zu Innsbruck, den Bildhauer Alexander Colin selbst zu ihm nach Prag zu senden, um mit demselben wegen „Zurichtung der Sepultur" für Kaiser Ferdinand und weiland die römische Königin, seine Mutter, sich unterreden und verhandeln zu können. Sollte Colin, schreibt der Erzherzog, aus den Niederlanden, wohin zu reisen er von ihm die Erlaubniß erhalten hätte, noch nicht zurückgekehrt sein, so möge die Regierung ihm die Weisung zukommen lassen, sich unverzüglich zu ihm nach Prag zu verfügen. Colin, welchem die Regierung hievon Mittheilung machte, erklärte sich sofort zur Reise nach Prag bereit und ging, nachdem ihm die Kammer das nöthige Reisegeld ausbezahlt hatte, bereits am 4. oder 5. April von Innsbruck ab.

Vor seiner Abreise hatte Colin den Kammerpräsidenten Blasius Khuen von Belasi, welchem als „Superintendenten" der von dem Meister für den Hof auszuführenden Arbeiten die Ueberwachung derselben oblag, um ein Empfehlungsschreiben an den Erzherzog gebeten. Khuen, welcher die Kunst des Meisters hochschätzte und ihm auch persönlich zugethan war, kam dem Wunsche nach und richtete unterm 8. April ein Schreiben an den Erzherzog, in welchem er von Colin sagt, daß er die ihm angedingte

Arbeit „wohl, fleißig und förderlich verrichtet, sich sunst auch bescheidenlich, eingezogen und wohl gehalten habe." Dies habe er, bemerkt Khuen am Schlusse seines Schreibens, Sr. Durchlaucht als seinem „gnädigsten Herrn und dem guten Gesellen zu Guten der Billigkeit nach anzuzaigen nit unterlassen wollen." Dieses Empfehlungsschreiben, sicher aber noch mehr die persönliche Bekanntschaft mit dem kunstsinnigen Erzherzoge kam dem Meister sehr zu Statten. Colin verblieb bis Juli in Prag, wo er sich alsbald mit dem Entwurfe des erwähnten Grabmals beschäftigte und ein „Modell" desselben anfertigte.

Das fertige Modell sendete der Erzherzog an seinen Bruder Kaiser Maximilian, und als er von diesem bis 19. Juni 1566 darüber keine Mittheilung erhielt, schrieb er an Se. Majestät, das Modell zum Grabmal, welches für Vater und Mutter in Prag errichtet werden soll, sei die Arbeit des Alexander Colin, von welchem die Historien zu Kaiser Maximilians Grabmal in Innsbruck verfertigt worden seien. Nun habe er bisher von Sr. Majestät keine Meinungsäußerung über das Modell erhalten können, Colin aber suche fortwährend um die Erlaubniß nach, einer für ihn wichtigen Angelegenheit wegen in die Niederlande reisen zu dürfen. Falls nun das Modell den Beifall Sr. Majestät erhalten würde, hätte er vor, die Ausführung zwei italienischen Bildhauern, die ihm als gut, fleißig und in solchen Arbeiten erfahren gerühmt worden seien, zu übertragen und dem Colin zu erlauben, sich nach den Niederlanden zu begeben. Dem Meister habe er inzwischen den Bescheid gegeben, die kaiserliche Entschließung abzuwarten.

Die Antwort Kaiser Maximilians ist nicht bekannt. Die Arbeit wurde jedoch den Italienern nicht übertragen, kam überhaupt lange Zeit nicht mehr in Frage, Colin aber erhielt einen unter dem Datum Prag 1. Juli 1566 ausgestellten „Paßbrief" zur Reise in die Niederlande, von wo er erst 1567 wieder nach Innsbruck zurückkehrte. Ueber die Angelegenheit, welche den Meister zu dieser Reise veranlaßte, ist nichts Näheres bekannt. Jedenfalls hatte er bei dieser Gelegenheit auch wieder um gute Bildhauergesellen und zwar gerade mit Rücksicht auf das in Aussicht stehende Grabmal für Kaiser Ferdinand und dessen Gemahlin sich umgesehen; denn noch immer bezog er seine Arbeitsgehilfen aus den Niederlanden.*)

---

*) Eine von mir in Innsbruck aufgefundene, in flämischer Sprache abgefaßte vom 16. September 1566 datirte Urkunde (jetzt im k. k. Statthalterei-Archiv) nennt uns eine größere Anzahl von Meistern dieses Handwerks in Brüssel. Der Inhalt der

Die Angelegenheit der Errichtung des Grabmals kam erst 1569 wieder in Fluß und zwar gab Colin selbst dazu Anlaß. Aus einem Briefe des Erzherzogs Ferdinand an seinen Bruder Kaiser Maximilian ddo. Innsbruck 4. August 1569 erfahren wir darüber Folgendes. Colin hatte dem Erzherzog die Mittheilung gemacht, daß er jetzt „mit etlichen künstlichen Gesellen", deren er lange habe entbehren müssen, versehen sei. Zugleich erbot er sich, um mit diesen Gesellen „etwas Ansehnliches und Zierliches verrichten" zu können, das Grabmal nach dem von ihm übergebenen Muster auszuführen. Der Erzherzog, welcher dies dem Kaiser mittheilte, erinnerte diesen an den Beifall, welchen Se. Majestät diesem Modell gezollt, und bemerkt am Schlusse seines Schreibens, es sei auch jetzt nahe bei Innsbruck ein schöner, weißer Marmor gefunden worden, den Sachverständige „zur Arbeit nicht weniger tauglich als den zu Carrara" fänden. Der Kaiser möge also in dieser Sache Beschluß fassen, um Colin darnach bescheiden zu können. Wie aus einem Schreiben des Kaisers an seinen Bruder Ferdinand vom 23. November 1569 hervorgeht, hatte Colin in Betreff des erwähnten Marmorbruches auch dem Kaiser schriftlichen Bericht erstattet und ihn gebeten, die Arbeit des kaiserlichen Grabes zu Prag ihm zu übergeben. Ueber den Marmorbruch, aus welchem Colin ein Stück dem Kaiser zur Ansicht sendete, berichtete er in jenem Schreiben, er habe jüngster Zeit „einen fast schönen und reichen marmelsteinen Bruch fünf Meilen Wegs von Innsbruck, am Obern Berg am Gries genannt, gefunden." Aus diesem Marmorbruche könne „man schöne, ganze, große Stuck zu dreißig, vierzig und noch mehr Schuhen" und in beliebiger Menge bekommen.

Da die Marmorfrage von Interesse ist, wollen wir gleich an dieser Stelle darüber etwas ausführlicher berichten. Der Hofbaumeister Paul Uschall, über den Marmor in Tirol befragt, erklärte, er wisse „von keinem

---

Urkunde ist kurz folgender: Bürgermeister, Schöffen und Rath der Stadt Brüssel bekunden, daß vor ihnen erschienen seien Jan Woelemont, 52 Jahre alt, Willem Borreman, 48 Jahre alt, Jan van Helegem, 45 Jahre alt und Aart van Molhem, 40 Jahre alt, alle vier Geschworne von der Steinhauer-, Steinmetzen (metsen)-, Bildschneider- oder (oft) „Clainstehers-" und „Schailhedechers-" Innung zu Brüssel und daß diese bezeugt und beim hl. Hubertus beschworen haben, daß Andries de Clievere, Sohn Gooris' de Clievere, eingesessener Bürger der Stadt, am 5. November 1554 in die Innung aufgenommen wurde als freier Meister unter weiland Glande van Asche, Bildschnider und Meister desselben Andries und unter Willem Borreman, Henrich Schnth, Meister Antonius Mochaert und Willem Machiels als Geschwornen der Innung und daß Andries de Clievere sich bisher ehrlich gehalten habe (den ambachte eerlychen heeft voldaen).

anderen weißen Steinbruch, dann bei Sterzing im Thal Ridnaun." Die Steinmetzen hätten wohl auf dem Brenner „etliche wenige Stuck und fast alle Pflasterplatten gebrochen"; dieser Stein sei „aber weder von Farb noch an ihm selbst rein, auch zu einer solchen Arbeit nicht tauglich." Uschall konnte daher nur Proben von Carrara-Marmor und von Marmor aus Ridnaun beibringen, von welchen beiden Marmorgattungen dann die Regierung je ein Stück dem Kaiser, sowie dem Erzherzog zusendete. In dem Berichte hierüber an den Kaiser bemerkt die Regierung über den Marmor aus Ridnaun, es sei „derselb nit subtil, sonder von Art etwas grob und schrickig", oder wie der Walch (Wälsche) sage „giazol (chiazoso?) e grosso di groma", daher er auch nur zu Gesimsen, großen Capitälen und sonst zu grober Arbeit" verwendet worden sei. Die Historien seien nicht aus diesem, sondern aus carrarischem Marmor, der nicht weit von Genua gebrochen werde, verfertigt worden. Die Frachtkosten betrügen beim Ridnauner Marmor bis Hall (2 Stunden unter Innsbruck) per Centner circa 20 kr. Der Transport des für das Grabmal Kaiser Maximilians angekauften carrarischen Marmors, zweiundfünfzig Stücke, darunter vierundzwanzig für die Historien, habe „bis in die 750 Gulden" gekostet.

Nach diesen Berichten und speciell nach der Versicherung des Hofbaumeisters kannte man in jener Zeit nur den Marmor in Ridnaun bei Sterzing*) und den am Brenner. Demnach hätte man den Marmorbruch in Obernberg bei Gries, welcher, wie wir später sehen werden, so vielfache Verwendung zu Bildwerken gefunden hat, noch nicht gekannt, und dies spräche dafür, daß erst Alexander Colin, wie er selbst, und später wiederholt sein Sohn Abraham versicherten, ihn aufgefunden hat. In einem Berichte an den Erzherzog sagt Alexander Colin, er habe so viel brauchbaren Marmor aufgefunden, daß Se. Durchlaucht ganze Städte damit bauen könnte. Sein Sohn Abraham aber berichtete über diese Auffindung in seinem der Regierung von Innsbruck im Jahre 1625 übergebenen Memoriale folgendes. Nach der Rückkehr von der im Jahre 1567 in die Niederlande unternommenen Reise habe sein Vater „Berg und Thal

---

*) Dieser Marmor war schon den Römern bekannt, wie das im Innsbrucker Museum aufbewahrte aus Mauls bei Sterzing dahin übertragene Grabmal beweist. Für Colin wurde 1579 nach einem Berichte des Landrichters von Sterzing dieser Marmor „merenteils zu allerhinderist im Thal Ratschings" gebrochen. Ratschings ist ein Seitenthal des Ridnaunthales, daher Ridnauner und Ratschingeser Marmor gleichbedeutend genommen wurde.

mit großer Bemühung durchsucht", um einen für die ihm aufgetragene kaiserliche Arbeit tauglichen Marmor zu finden; denn in der Gegend von Innsbruck sei keiner zu bekommen gewesen und der von Carrara wäre zu theuer zu stehen gekommen. Endlich habe sein Vater einen tauglichen Marmor „unfern von hier gefunden." Von diesem Marmor habe er ein Stück dem Kaiser übersendet, und Se. Majestät habe unterm 23. November 1569 seinem Vater geschrieben, es sei diese Erfindung „ein gar guet Werk, dessen [Wir] gegen dir mit Gnaden erkennen wollen." Auch Se. Durchlaucht der Landesfürst, Erzherzog Ferdinand, habe darüber „ein gnedigstes Wohlgefallen" gehabt. Daß jedoch der Marmor in Obernberg erst durch Colin entdeckt worden sein sollte, erscheint mir etwas zweifelhaft und ich möchte sein diesfälliges Verdienst darauf beschränken, daß er der erste war, welcher den Marmor von Obernberg zu Bildhauerarbeiten in Verwendung gebracht hat. Entdeckt dürfte dieser Marmor schon vor ihm gewesen sein, wie aus einem Auftrag der landesfürstlichen Kammer vom 8. Mai 1573 hervorgeht, worin die Zollbeamten am Lueg (Paß am Brenner) angewiesen werden, dem in Kürze daselbst eintreffenden Bildhauer Colin Leute beizustellen, welche „mit ihm an das Gebirg gehen und ihm die Marblstain-Bauörter zeigen und weisen" sollten. Hätte Colin den Marmor selbst entdeckt, so hätte er keine Leute gebraucht, ihm die Oertlichkeit zu zeigen.

Der heute gesuchteste Tiroler Marmor, welcher bei Laas im Vinstgau gebrochen wird, blieb noch Jahrhunderte ungekannt.

Kaiser Maximilian sendete am 18. November 1569 die ihm von der Regierung zugeschickten zwei Marmormuster sammt dem Berichte derselben an seinen Bruder Ferdinand und bemerkte hiezu, daß ihm der Marmor von Carrara am besten gefalle. Der Erzherzog möge die Muster besichtigen, einen Ueberschlag des Bedarfs machen und dann durch die oberösterreichische Kammer den Marmor bestellen lassen.

Wohl hauptsächlich in Berücksichtigung der großen Kosten des carrarischen Marmors und wohl auch, daß Colin den Marmor von Ridnaun und den Marmor von Obernberg zu der ihm aufgetragenen Arbeit tauglich fand, wurde schließlich für das Grabmal Kaiser Ferdinands und seiner Gemahlin, sowie für verschiedene andere Bildwerke der Tiroler Marmor gewählt.

Auf den oben erwähnten Bericht Colins an den Kaiser ersuchte nun dieser den Erzherzog, ihm zu berichten, ob Colin die Arbeit am kaiserlichen Grabmal zu Innsbruck „gerecht, schön, zierlich und kunstlich verricht, ob er zu einem solchen Werk als tauglich und erfaren zu gebrauchen und zu befürdern sei", was es überhaupt „mit solchem Colin und seiner Kunst und Arbeit, auch dem neuen Marmelsteinbruch, so uns für guet und schön ansiecht, für ein Gelegenheit habe." Die Antwort darauf ist nicht bekannt. Alexander Colin aber wurde nun in der That die Ausführung des Grabmals übertragen. Außer dieser Arbeit erhielt er vom Kaiser 1570 auch einen Auftrag zur Ausführung eines großen Brunnens in Marmor, überdies hatte er noch verschiedene Bildhauerarbeiten für die vom Kaiser und seinen zwei Brüdern erbaute Stiftkirche und das anstoßende Stiftgebäude in Hall übernommen. Diese bedeutenden Aufträge mußten dem unternehmenden Bildhauer um so erwünschter gekommen sein, als er schon längere Zeit keine namhafteren Bestellungen von Seite des Hofes erhalten hatte. Nach der Vollendung der Reliefs für das Grabmal des Kaisers Maximilian hatte er, so viel bekannt, nur eine Arbeit für den Innsbrucker Hof zu verzeichnen, nämlich 1567 das Schneiden von vierunddreißig, von den Erzherzoginnen (Schwestern Erzherzogs Ferdinand) bestellten Bildern, nach welchen die Goldschmiede verschiedene Kirchenzierden ausführen sollten. Ende 1568 war es sogar fraglich, ob der Meister in seiner besoldeten Anstellung belassen werden sollte.

Die erwähnten Arbeiten für das „königliche Stift" in Hall beschränken sich, soweit aus den Acten zu ersehen ist, auf ein Sacramentshäuschen, für welches er 418 fl. bezahlt erhielt, Wappenschilde für das Portal der Kirche und andere weniger bedeutende Gegenstände.

Das für die Stiftkirche in Hall verfertigte Sacramenthäuschen existirt wie jenes, welches er auf Kosten des Hofes für die Pfarrkirche in Innsbruck angefertigt hat, nicht mehr.

Vor der Ausführung der von Kaiser Maximilian dem Bildhauer Colin aufgetragenen größeren Werke, nämlich des Grabmals für Kaiser Ferdinand und eines Brunnens hatte der Kaiser selbst den Meister zu sich nach Prag beschieden, um sich mit ihm darüber persönlich zu besprechen. Es war dies im Jahre 1570.

Ueber den Fortgang der Arbeit an dem nach Prag bestimmten Grabmale liegen außer etlichen Zahlungsanweisungen für Colin und dem Transport von Marmor aus Obernberg keine Nachrichten vor. Im Mai 1572 hatte Colin für seine Arbeiten bereits eine Forderung von 4000 fl. zu machen. Die landesfürstliche Kammer hatte die Kosten des Brechens und die Lieferung des Marmors bestritten, aber die Bezahlung der 4000 fl., welche der Kaiser in Verrechnung mit seinem Bruder ebenfalls der tirolischen Kammer aufbürden wollte, wurde von ihr verweigert. Sie erklärte sich außer Stande, eine so große Summe zu bezahlen und machte dem Erzherzog die dringlichsten Vorstellungen. Am 9. Juli 1572 suchte die Kammer den Erzherzog sogar zu bestimmen, dem Alexander Colin die Besoldung zu künden. Derselbe habe, sagt sie in ihrer energischen Vorstellung, zur Zeit nur Arbeit für den Kaiser unter Händen, während er für Se. Durchlaucht nur wenig zu machen brauche. Colins Arbeiten hätten viel Geld gekostet, und man habe nicht verspürt, daß er auf seine Besoldung Rücksicht genommen hätte; er habe seine Arbeit sich so theuer zahlen lassen, als Andere, welche kein Dienstgeld erhielten. Se. Durchlaucht möge also ihre wiederholt gestellte Bitte berücksichtigen und in Anbetracht der Noth der Kammer dem Alexander Colin das Dienstgeld künden.

Daß die Kammer in großer Bedrängniß sich befand, beweist unter vielem anderen auch, daß sie nicht einmal das von Colin für die Haller Stiftkirche verfertigte Sacramentshäuschen ganz zu bezahlen vermochte. Sie übertrug daher die Bezahlung des Restes per 240 fl. an den Prälaten von Stams, der ihn auf Abschlag seines Steuerrückstandes bezahlen sollte. Der Prälat, welchem das Geld oder der gute Wille fehlte, weigerte sich aber auch, obige Theilschuld zu übernehmen und konnte hiezu erst durch die Drohung der Regierung, seine Zinsen und Gülten in Hall mit Beschlag zu belegen, vermocht werden. Colin, welcher übrigens späte Zahlungen wohl in Berechnung gezogen haben dürfte, konnte erst Ende 1573 das Sacramentshäuschen vollends bezahlt erhalten.

Der Erzherzog, welcher finanzielle Nöthen sich nie stark zu Herzen zu nehmen pflegte, antwortete unterm 29. Juli auf das Ansinnen der Kammer, dem Colin die Besoldung zu künden, er könne darauf nicht eingehen, da das Grabmal Kaiser Maximilians noch nicht „aufgericht" sei und er Colin „auch sonst täglich" brauche.

Von dieser ihm drohenden Gefahr des Verlustes seiner Besoldung hatte der Meister offenbar keine Ahnung. Die Aufträge von Seite des Hofes und das Vertrauen, welches ihm der Kaiser und Erzherzog Ferdinand schenkten, erhöhten vielmehr sein Selbstbewußtsein, daß er sich nicht bloß einer Auszeichnung würdig erachtete, sondern um eine solche directe den Erzherzog angieng. Am 5. September 1572 richtete nämlich Colin an denselben die schriftliche Bitte, Se. Durchlaucht möge ihm ein „Ehrenkleid und fürstliche Bildnus oder Gnadenpfennig" zuerkennen. Ob und in wie weit des Künstlers Bitte erhört wurde, ist nicht bekannt.

Im Jahre 1573 hatte Colin die vom Kaiser bestellten Arbeiten vollendet und überantwortet. Das Grabmal für Kaiser Ferdinand und dessen

Gemahlin war von Hall weg auf dem Innstrom bis Linz gebracht und dort bis zum Eintritt des Winters eingestellt worden, um es dann mittelst Schlitten nach Prag zu befördern.

Am 15. December 1574 schrieb diesfalls Colin an die Regierung: „Nachdem jetzt die Zeit vorhanden ist, daß des Kaisers Ferdinandus Begrebnus von Linz gen Prag möcht gefüert werden, sach [sähe] mich für guet an, daß euer Gnaden jetzt dem Herrn Vitzthum gen Linz hätten zuegeschrieben, solches füeren zu lassen, weil jetzt gueter Weg und Schlittban ist und mich alsdan darzue erfodern, aber doch solches [Grabmal] nicht anrüeren lassen bis zu meiner Zuekunft, darmit an solchen kein Schaden geschech." Die Antwort der Regierung auf diese Zuschrift Colins ist nicht bekannt.

Als im März 1575 Colin vom Kaiser nach Prag berufen wurde, glaubte dieser, es handle sich um die Aufstellung des Grabmals; es war dies jedoch nicht der Fall. Auf die Aufforderung des Kaisers, den Meister zu ihm nach Prag zu senden, antwortete Erzherzog Ferdinand am 23. März, er habe seinen Diener und Bildhauer, obwohl dieser für ihn „andere genöthige Arbeit" zu verfertigen hätte, aufgetragen, mit nächstem zu Sr. Majestät sich zu verfügen. Weder er noch Colin wisse, wozu Se. Majestät den Bildhauer benöthige, letzterer aber glaube, daß es sich um die Aufstellung des Grabmals handeln dürfte. Nachdem aber, wie Colin meine, die Stücke des Grabmals noch in Linz lägen, so würde derselbe in diesem Falle umsonst nach Prag reisen und die unter Händen habende Arbeit versäumen. Unter diesen Umständen glaube er ein weiteres Schreiben des Kaisers abwarten zu sollen, werde aber, wenn es sich um eine andere Sache handle, den Bildhauer sofort absenden, obwohl dieser in der für ihn bestimmten Arbeit verhindert werde.

Die Antwort des Kaisers liegt nicht vor; aus dem wiederholt erwähnten Promemoria des Abraham Colin erfahren wir jedoch, daß sein Vater 1575 in der That nach Prag gereist ist, wo ihm jedoch nicht die Auffstellung des Grabmals übertragen, sondern ein anderer Auftrag zu Theil geworden ist, auf den wir später zurückkommen werden.

Ueber das weitere Schicksal des von Colin abgelieferten Grabmals lassen uns die Acten des Innsbrucker Statthalterei-Archives völlig im Stiche. Wir erfahren daraus nicht einmal, ob oder wann es aufgestellt worden ist, wohl aber, daß es nach dem Tode des Kaisers Maximilian II. Abänderungen erfahren hat. Das ursprünglich nur für Kaiser Ferdinand I. und dessen Gemahlin Königin Anna bestimmte Denkmal sollte nach dem

Wunsche seines Enkels Kaiser Rudolf II. zugleich auch das Grabmal des am 12. October 1576 verstorbenen Kaisers Maximilian II. bilden und überdies an demselben zur Erinnerung an ältere böhmische Landesfürsten deren Bildnisse mit entsprechenden Inschriften angebracht werden. Abraham Colin berichtet darüber in seinem mehrerwähnten Promemoria Näheres. „Anno 1585 haben die kaiserliche Majestet Rudolphus meinen Vater gen Prag erfordert und für dero Herrn Vater, Kaiser Maximilian des Andern auch ein Epitaphium, in Allen demjenigen gleich, so er mein Vater hievor Kaiser Ferdinanden gemacht, zu machen angefrümbt, das er auch alsbald unter die Hand genommen und im 87 Jar [1587] irer kaiserlichen Majestet gen Prag presentirt und überantwurt hat. Damals ire kaiserliche Majestet auch alsbald weiters allergnedigst resolviert und meinem Vater anbefolchen haben, weilen in obgemeldeter Schloß- und Thumbkirchen zu Prag auch Kaiser Carl Quarti mit vier Gemachln, auch desselben Söne Kaiser oder Künig Wenzeslaus sowohl Künig Ladislaus, Erzherzog zu Österreich, welchen die Beham, wie man sagt, erstickt solln haben, und Georgius Podiebroth, so die Beham zu irem Künig gemacht, begraben seyen, derselben jedweder sonderer Conterfet und Gedechtnussen-Inschrift an den beiden Seiten bei der römischen Kaiser Ferdinandi und Maximiliani Begrebnus zu machen, wie dan solches unter dreimal in ein Werk zu bringen viel Müe gebraucht, jedoch von ime meinem Vater allerunthenigist beschehen und das Alles im folgenden 1589 aldahin gen Prag irer Majestet überantwurt und dero allergnedigisten Bevelch nach aufgerichtet worden."

Aus dieser Aufzeichnung des Abraham Colin wird uns erst die weitere Geschichte dieses Grabmals klar, namentlich durch die Versicherung des jungen Colin, daß es seinem Vater viel Mühe gekostet habe, das Grabmal „unter dreimal in ein Werk" zu bringen." Es wurde nämlich das Grabmal für Kaiser Ferdinand und dessen Gemahlin, Königin Anna im Jahre 1574 vollendet und abgeliefert. Nach dem Tode Kaiser Maximilian II. sollte auch diesem ein Grabmal gesetzt werden und dies geschah, indem Kaiser Rudolf II. durch Colin die lebensgroße Figur seines verstorbenen Vaters anfertigen und neben jene des Kaisers Ferdinand und dessen Gemahlin auf das Grab legen ließ. Die Zeit der Vollendung dieses seines Werkes hat Colin am Grabmale selbst mit 1589 verzeichnet.*)

---

*) Das von Colin verfertigte Bildniß Kaiser Maximilian II. hat mit dem ebenfalls von Colin angefertigten Grabmale des Hans Fugger von Augsburg, über welches

Ob Colin, um die dritte Figur auf dem Grabmale unterzubringen, an diesem eine Aenderung vorgenommen oder die Figur Maximilian II. einfach zu den anderen zweien gelegt hat, ist aus dem urkundlichen Materiale nicht zu ersehen. Soviel aber aus den Zeichnungen des Prager Grabmals zu entnehmen ist, mußten die Figuren Ferdinands I. und seiner Gemahlin den ursprünglich für sie allein bestimmten Raum mit dem Bilde Kaiser Maximilian II. theilen, indem sie so weit nach rechts verschoben wurden, daß noch eine dritte Figur Platz finden konnte. Daher kommt es auch, daß die beiden äußeren Gestalten bis nahezu an den Rand des Sarkophages zu liegen kommen und die an der Wand hinter den Häuptern der Figuren angebrachten zwei Embleme, welche ursprünglich offenbar genau hinter den Figuren Ferdinands I. und der Königin Anna standen, ihrer jetzigen Lage nach zu keiner der vorgestellten Persönlichkeiten passen.

Nachdem Colin die Figur des Kaisers Maximilian am Grabmale angebracht hatte, erhielt er den weiteren Auftrag, an den Seiten des Grabmals die Bildnisse Karls IV. und seiner vier Gemahlinnen, ferner jene der Könige Ladislaus, Georg Podiebrad und Wenzel mit den dazu bestimmten Inschriften anzubringen. Abraham Colin konnte daher mit Recht sagen, daß sein Vater das Monument unter dreimal in ein Werk gebracht hat.

Der marmorne Sarkophag ist ein auf zwei Stufen gesetzter, vierseitiger Aufbau, dessen Lang- wie Schmalseiten durch je zwei Pilaster in drei mit Bildnissen, Wappenschildern und Ornamenten geschmackvoll ausgefüllte Felder getheilt erscheinen. Auf dem Kenotaph liegen auf Teppiche gebettet die Bildnisse der hier beigesetzten drei Persönlichkeiten, Kaiser Ferdinand in der Mitte, rechts von ihm Kaiser Maximilian II., links die Gemahlin Ferdinands, Königin Anna. An den Ecken und Seiten des Kenotaphs sitzen sechs Wappenschilde haltende Engel, ein siebenter sitzt auf der

---

wir in einem der nächsten Abschnitte Näheres mittheilen, Aehnlichkeit. So ruht bei beiden das Haupt der dargestellten Persönlichkeit auf einem gerollten Teppich, während wir bei den neben Kaiser Maximilian liegenden Eltern desselben das Haupt auf Kissen gebettet finden. Nachdem nun die beiden Figuren, Kaiser Maximilian II. und Hans Fugger gleichzeitig angefertigt wurden, in der Figur des letzteren aber Colin von dem Besteller ein von dem Bildhauer Hubert Gerhard verfertigtes Modell mit jenem Motiv erhalten hat, so hat es, wie schon Robert Vischer bemerkte (Jahrbuch der königl. preußischen Kunstsammlungen Bd. VIII. S. 210), allerdings den Anschein, als hätte Colin bei Verfertigung des Bildnisses Kaiser Maximilian II. dasselbe benützt. Es darf jedoch nicht übersehen werden, daß das Motiv des unter dem Haupte einer liegenden Figur gerollten und so als Kissen dienenden Teppichs von Colin schon bei dem Grabmale des Gregor Löffler († 1565), somit mehr als zwanzig Jahre vor der Verfertigung des Fugger'schen Grabmals in Anwendung gebracht hat.

das Kenotaph kopfseitig abschließenden Wand. Auf der vorderen Seite vor der Mittelfigur steht der auferstandene Heiland mit der Siegesfahne. Unter dem Haupte des Kaisers Ferdinand hat der Meister des Grabmals, welches intact erhalten zu sein scheint*), seinen Namen Alexa. Colin und das Datum 1589 angebracht.

IV.
Drei Brunnen in Marmor für den kaiserlichen Lustgarten in Ebersdorf bei Wien (1570—1583). — Einfluß der Malerei auf die Plastik. — Arbeitstheilung der Künstler.

Im März 1570 erhielt Alexander Colin nebst der ihm übertragenen Arbeit des Grabmals für Kaiser Ferdinand und dessen Gemahlin von Kaiser Maximilian II. den Auftrag, für seinen neuen Lustgarten bei Wien einen Brunnen aus weißem Tiroler Marmor anzufertigen. Eine dem Meister zugestellte, in Prag gemachte Zeichnung sollte ihm als leitender Gedanke in der Ausführung desselben dienen. Und bald darauf bestellte der Kaiser bei Colin einen zweiten Brunnen aus Marmor und ebenfalls für denselben Garten bestimmt. Den ersteren Brunnen bezeichnet Colins Sohn, Abraham, in seinem Promemoria als „ein großen, in die Runde, mit zwey Khor (Baffins) aufeinander, sambt Figuren und ander Zugehör." Als Bestimmungsort nennt er den neuen kaiserlichen Lustgarten zu Ebersdorf bei Wien. Die Skizze zu diesem Brunnen, welche der Kaiser durch die Innsbrucker Regierung dem Meister zustellen ließ, hat sich erhalten, ist aber durch den Sammeleifer eines Kunstfreundes aus dem k. k. Statthalterei-Archiv in das Museum Ferdinandeum in Innsbruck gekommen,

---

*) Durch die calvinistische Reformation des Winterkönigs, der bereits die ganze innere Ausschmückung des Domes zum Opfer gefallen war, kam auch dieses Grabmal in Gefahr, wurde aber durch die Vorstellungen des Herrn v. Berka gerettet. (Gindely, Geschichte des Böhmischen Aufstandes, II. 319).

wo sie mit deutlichen Merkmalen ihrer Provenienz versehen unter den Handzeichnungen aufbewahrt wird. Es ist eine 29 cm hohe, blau schattirte Federzeichnung aus der Hand eines Künstlers von nicht untergeordneter Bedeutung. Die Ausführung des Brunnens nach dieser Zeichnung, welche nur die derselben zu Grunde liegenden Gedanken, wenn auch in deutlicher Skizzirung wiedergibt, verlangte jedoch wieder einen Künstler, welcher erst die Verhältnisse des Ganzen und Einzelnen genauer zu bestimmen und das Detail auszuarbeiten hatte. Der Brunnen hat zwei Bassins. Das untere, größere, wird von Meerjungfrauen getragen, deren Arme in flügelartig behandelte Flossen übergehen, zwischen denen ein phantastischer männlicher Kopf aus dem Hintergrunde hervorblickt. Das obere kleinere Bassin ruht auf Hermen, welche bei vorgebeugtem Oberkörper mit ihren rückwärts verschlungenen Armen das Becken tragen. Aus diesem ragt eine schlanke, antike Frauenfigur, die mit ihrem linken Arm einen auf den Kopf gestellten Krug hält und an welche nackte Putten sich anlehnen. Die ganze Brunnenskizze ist originell gedacht und geschickt gemacht.

Die Bestellung des zweiten Brunnens geschah mit kaiserlichem Schreiben vom 16. Juli 1570 an Erzherzog Ferdinand, welcher die weitere Verhandlung mit Colin führen sollte. Auch zu diesem Brunnen übersendete der Kaiser eine Skizze, welche dem Meister die Gedanken desselben veranschaulichen und wornach dann der Bildhauer „ainen zierlichen, schönen Brunnenvisier" nach seiner „Meinung" anfertigen sollte. Ueber die Form des Brunnens erfahren wir nur so viel, daß der Kaiser sich dieselbe, nicht wie bei dem ersten „rund", sondern viereckig („in die vier Eggen") gedacht hat, und daß dieser Brunnen ebenfalls mit Figuren ausgestattet war.

Da an dem bestellten Brunnen dem Kaiser viel gelegen war, befahl er am 1. September 1570, den Meister zu ihm nach Speyer zu schicken. Colin folgte diesem Auftrage, kam nach Speyer und übergab dem Kaiser die von ihm verfertigte Zeichnung, welche den vollsten Beifall Sr. Majestät erntete. Colin erhielt mit dem Auftrage, den Brunnen sofort auszuführen, auch einen Vorschuß von 400 Thalern und zur Vergütung seiner Reisekosten 20 fl.;[*)] da er aber, wie er vorgab, weitere Arbeitskräfte benöthigte, erbat er sich die Erlaubniß, in die Niederlande zu reisen, um Gesellen anzuwerben. Nach Empfang des ihm unterm 23. October 1570 ausgestellten Paßbriefes reiste er nun in seine Heimath, die auf ihn immer

---

*) Jahrbuch der kunsthist. Samml. des a. h. Kaiserhauses, Bd. VII, Regest No. 5208 und 5210.

eine große Anziehungskraft ausgeübt hat. Wann Colin aus den Niederlanden nach Innsbruck zurückgekehrt ist, läßt sich nicht genau bestimmen. Jedenfalls erfolgte die Rückkehr erst 1571, wahrscheinlich Mitte Februar. In Speyer befand sich auch Erzherzog Ferdinand, mit welchem der Kaiser in Betreff des Marmorbruches in Obernberg verhandelte und diesfalls dem Erzherzoge Aufträge ertheilte. Unterm 1. März 1571 schrieb dieser mit Bezug auf die Unterredung in Speyer an Se. Majestät, er habe gleich nach seiner Rückkehr den Marmorbruch besichtigen und die großen Stücke brechen lassen wollen, dies sei aber „an dem sehr rauhen winterlichen Orte" und des Schneefalls wegen nicht möglich gewesen. Colin sei sofort nach seiner Rückkehr selbst bei dem Marmorbruch gewesen und habe gefunden, daß vor Ostern mit dem Brechen des Marmors nicht begonnen werden könne. Zur Arbeit selbst werde Colin gewiß allen möglichen Fleiß anwenden und „an ihm nichts ermangeln lassen."

Die beiden Brunnen wurden theils aus Obernberger, theils aus Ratschingeser Marmor angefertigt. Im Winter 1573 wurden nicht weniger als neunzig Fuder Marmor von Gries (Ortschaft am Ausgang des Obernbergthales) nach Innsbruck befördert. Das größte für die Brunnenarbeit bestimmte Stück Marmor kam aber im November 1573 aus Sterzing. Es war in Ratschings gebrochen worden und die Ueberführung desselben, welche fünf Fuhrleute übernommen hatten, kostete eine sehr bedeutende Summe. 1574 hatte Colin die Brunnen vollendet und im kaiserlichen Lustgarten zu Ebersdorf aufgestellt.*) Daß er selbst dahin gereist ist und die Aufstellung besorgt hat, beweist eine Anweisung vom 16. Juli 1574, wonach dem Meister für seine Reise von Innsbruck nach Ebersdorf und zurück den Betrag von hundert Gulden ausbezahlt werden sollte.**)

Im Jahre 1575 wurde Colin, wie schon einmal erwähnt, vom Kaiser nach Prag berufen. Es handelte sich um die Anfertigung eines dritten Brunnens. „Ihre Majestät, schreibt Colins Sohn, haben ihm (seinem Vater) den dritten großen Marblstein Brunnen in die acht Eggen gnädigst anbefohlen zu machen." Außer diesem wenigem [über die Form des Brunnens erfahren wir jedoch von Abraham Colin nur noch, daß

---

*) Abraham Colins Aufzeichnung sagt darüber: „Die zwen Prunen als der ain in die Runde, der ander in die füer Öggen Khor (d. h. der eine Brunnen mit runden, der andere mit viereckigen Bassins) sambt jedes underschidlichn Fügurn zuegehörigen und andern Stuck verfertigt, welche anno 74isten Jar Jrer röm. kay. mjt. gen Wien alergnedigist überantwort in dero Lustgarten bey Ebersdorf aufgericht worden."

**) Jahrbuch der Kunstsammlungen des a. h. Kaiserhauses Bd. VII. Regest No. 5304.

die Arbeit durch den Tod des Kaisers eine lange Verzögerung erlitt und der Brunnen erst im Jahre 1585 abgeliefert worden ist. Als Bestimmungsort desselben bezeichnet der junge Colin ebenfalls Ebersdorf und bemerkt ausdrücklich, daß er in dem „kaiserlichen Lustgarten neben den andern zwen Brunnen aufgericht worden." Zur Aufstellung des Brunnens hatte Alexander Colin auch seinen Sohn mitgenommen, welcher auch bei Anfertigung desselben seinem Vater werkthätig zur Seite gestanden war.

Die untergeordneten Arbeiten an den drei Brunnen hatte Colin zweien Steinmetzen, Dominikus de Sarenti und Franz Perwon übertragen. Ersterer war von Colin auch nach Obernberg gesendet worden, um „zu kais. Majestät Brunnen-Can" ein großes Marmorstück zu brechen. Auch sollte er nach einem bereits in der Publication des Wiener Alterthums-Vereins von Freiherrn v. Sacken veröffentlichten Dokumente*) vom Jahre 1877 die Aufstellung eines Brunnens besorgen.

Wie aus einem Berichte der Kammer in Innsbruck an Erzherzog Ferdinand vom 9. August 1575 hervorgeht, hatte der Kaiser bei Colin nicht bloß den großen achteckigen Brunnen, sondern auch noch vier kleinere Brunnen bestellt. Colin, sagt nämlich die Kammer, verlange für den achteckigen Brunnen 1150 Thaler, für die „vier kleineren Brunnen" aber 500 Thaler.

Bei einer zweiten noch im gleichen Jahre erfolgten Berufung Colins an den kaiserlichen Hof in Prag hatte der Meister vom Kaiser den Auftrag erhalten in die Niederlande zu reisen und „daselbst zu ihrer Majestät Notturft Bildhauer zu bestellen und mit sich in dero Stadt Wien zu führen." So erzählt Abraham Colin, und auf diese Mission seines Vaters dürften sich die unterm 14. und 17. November ausgestellten „Fürschriften" an die Städte Mecheln und Antwerpen bezogen haben, welche die Innsbrucker Regierung „der Frau Colinin" zustellen ließ. Colin selbst war zu dieser Zeit noch in Prag, von wo aus er, wie bereits erwähnt wurde, die Reise in die Niederlande unternahm. Ueber den Erfolg dieser Reise, von welcher er erst im Jahre 1576 zurückkehrte, ist nichts bekannt. Am 12. October 1576 starb Kaiser Maximilian II., und die von ihm bestellten Arbeiten geriethen ins Stocken, obwohl Colin noch am 23. August

---

*) Berichte und Mittheilungen des Alterthums-Vereines zu Wien Bd. XXI. S. 144. Der Verfasser des Aufsatzes, in welchem das Schriftstück abgedruckt erscheint, bemerkt hiezu: „Dieser Brunnen war für den Garten des Neugebäudes, welches der herzleidende Kaiser Maximilian sich als Lustschloß der frischen Luft wegen erbaute, bestimmt. Leider ist er spurlos verschwunden."

1000 Gulden ausbezahlt erhielt, „damit er in Verfertigung der Arbeit nicht länger verhindert werde." Der große achteckige Brunnen wurde zwar, wie schon erwähnt, noch vollendet und abgeliefert, die vier kleineren Brunnen aber sind nicht mehr ausgeführt worden. Für die darauf bereits verwendete Arbeit wurde jedoch Colin entschädigt.

Von den von Colin in Marmor ausgeführten Brunnen ist uns leider keiner erhalten geblieben. Die nicht bloß von mir, sondern auch von anderen Seiten angestellten Nachforschungen nach diesen Werken blieben völlig erfolglos.

Nachdem wir den sonst doch sehr selbständigen Meister Colin schon wiederholt nach gegebenen, von Malern angefertigten Zeichnungen arbeiten gesehen haben, möge mir gestattet sein, einige Bemerkungen über den Einfluß der Maler auf die Bildnerei und die Arbeitstheilung der Künstler älterer Zeit hier anzufügen. Der Einfluß alter Maler auf die Werke der Bildnerei ist, wie urkundliche Forschungen ergeben, viel größer als man bisher angenommen hat, und weitere Forschungen werden ohne Zweifel noch viele Belege hiezu ans Tageslicht bringen. Durch die von mir allein bisher aufgefundenen Urkunden und Acten über Meister und Werke aus dem Zeitalter der Renaissance hat schon mancher gute Meister einen Theil der bisher für ihn allein in Anspruch genommenen Ehre an einen Maler abgeben müssen. Wie schon bemerkt, hat auch Colin einige seiner Arbeiten nach Zeichnungen, die von Malern beigestellt wurden, ausgeführt. Von den Reliefbildern zum Grabmal Maximilians zeichnete zweiundzwanzig der Maler Florian Abel, zwei ein unbekannter Maler in Prag. Zu zweien der von Colin in Marmor ausgeführten Brunnen erhielt der Meister ebenfalls Skizzen, die ohne Zweifel von Malern angefertigt wurden, zugeschickt, ebenso zu dem von ihm modellirten Brunnen mit dem Aktäon. Das Bildniß des im Gebete knieenden Kaisers Maximilian wurde nach der Zeichnung des Münchener Malers Gilg Sesselschreiber von Colins Sohn modellirt, von de Duca gegossen. Der berühmte Erzgießer Gregor Löffler erhielt die Zeichnung zu dem von ihm gegossenen Bilde Chlodwig von dem Maler Christof Amberger in Augsburg, während ein von Löffler bestellter Bildhauer sie modellirte.*) Die übrigen großen Erzbilder am Grabmale Maximilians (mit Ausnahme der Bilder Arthur und Theodorich) sind von dem bereits erwähnten Maler Seßlschreiber und dem Hofmaler, späteren Baumeister Kaiser Maximilian I., Jörg Kölderer **) gezeichnet,

---

*) Archiv für Geschichte u. Alterthumskunde Tirols I 61 f.
**) Von ihm wurde, wie eine dankenswerthe Forschung Dr. Oswald Redlichs nachweist, der im vorigen Jahrhundert leider abgerissene prachtvolle Wappenthurm der Hofburg gebaut (Tiroler Bote 1886 No. 297 ff.).

von Bildhauern modellirt und zum größten Theile von Stefan Godl gegossen worden. Zu der im Innsbrucker Museum befindlichen, künstlerisch werthvollen Erztafel mit der Darstellung, wie Kaiser Ferdinand I. im Jahre 1563 in Gegenwart seiner Hofherren und der Bergleute den sogenannten Kaiserstollen eröffnete, lieferte 1564 der Maler Ludwig Ritterl von Hall eine Zeichnung.*)

Auch Plattner, Münzgraveure und Goldschmiede theilten die Arbeit mit Malern. So lieferten verschiedene Innsbrucker Maler dem berühmten Plattner Jörg Seusenhofer die Zeichnungen zu den Ornamenten der von ihm verfertigten Prachtrüstungen. Auch sonst finde ich Maler, welche den Waffenschmieden ihre Erzeugnisse, Schwerter, Hellebarden ꝛc. mit geätzten kunstreichen Ornamenten schmückten. Die Graveure der kaiserlichen und erzherzoglichen Münze in Hall verfertigten nach Zeichnungen, die ihnen zugeschickt und offenbar von Malern gemacht wurden, ihre Stempel und Prägeeisen.

Nicht weniger waren auch die Goldschmiede an die Erfindungsgabe und die Zeichnungen der Maler angewiesen. Selbst Wenzel Jamnitzer verschmähte es nicht, bei größeren Werken die Hilfe von Malern, namentlich des Jacob Strada von Mantua in Anspruch zu nehmen.**)

Noch mehr als Bildhauer, Erzgießer, Plattner, Stempel- und Siegelschneider waren die Kunsthandwerker unteren Ranges an die Maler angewiesen. So hat z. B. das Prachtgitter zum Grabmale Maximilians allerdings ein Schlosser geschmiedet, aber die Zeichnung dazu lieferte ein Maler.

Was speciell die Werke der Erzgießer betrifft, setzen sie immer die Bethätigung eines anderen Kunstzweiges, namentlich der Bildnerei voraus, daher auch die Bestellungen eines Gußwerkes bald beim Gießer, bald beim Bildhauer, manchmal sogar bei einem Maler erfolgte. Als Löffler den Guß der für den Maximilian'schen Sarkophag selbst bestimmten Bilder nicht übernehmen wollte, wurde er dem Colin angetragen, selbstverständlich ohne von ihm zu erwarten, daß er selbst die Bilder gieße. Dem Maler Seßlschreiber war ursprünglich das ganze in Erz zu gießende Grabmal

---

*) Mittheilungen der k. k. Central-Commission etc. Neue Folge, Jg. VIII. Heft 2.
**) Mittheilungen des Instituts für österreichische Geschichtsforschung IX, 289 f. — Daß für Goldschmiede Modelle von Bildhauern angefertigt wurden, ersehen wir aus einer dem Colin aufgetragenen Arbeit. Im Jahre 1567 schnitt er nämlich für die Schwestern des Erzherzogs Ferdinand 34 Bilder, welche „von den Goldschmieden zu etlichen Ihren Durchlauchten zugehörigen Kirchenzierden gebraucht worden sind."

mit allen großen und kleinen Statuen zur Herstellung übergeben worden. Er wurde daher lange für einen Maler und Gießer zugleich angesehen, obwohl er nur zeichnete, alles Uebrige aber durch von ihm bestellte Bildner und Gießer verfertigen ließ.

So lange daher die Autorschaft eines Kunstwerkes nicht urkundlich belegt ist, oder andere gleichberechtigte Gründe auf einen Meister schließen lassen, ist man nicht sicher, daß an demselben nicht auch noch andere Meister sich bethätigt haben, wie dies vor Allen bei den Erzgießern der Fall ist.

V.
Die Erztafel aus dem Haller Salzberge im Museum zu Innsbruck.
Vgl. Tafel XI.

Ein in seinem figuralen Theile wie durch seine architektonische Umrahmung künstlerisch werthvolles und bedeutsames Werk ist die jetzt im Innsbrucker Museum befindliche, 76 cm hohe und 50 cm breite Erztafel, welche zur Erinnerung an den im Jahre 1563 durch Kaiser Ferdinand I. vollzogenen festlichen Act des Aufschlagens eines neuen Stollens im Salzberge bei Hall verfertigt und an der historischen Stelle aufgerichtet worden ist. Die Erztafel kam später, wahrscheinlich zur Zeit einer Bedrohung des Landes durch feindlichen Einfall nach Wien, und von da vor etlichen Jahren durch Vermittlung der k. k. Central-Commission in das Tiroler Landes-Museum.

Für den Künstler, dem wir diese vorzügliche Arbeit verdanken, hielt ich früher den Maler Ludwig Ritterl in Hall, welcher am 6. April 1563 von der Innsbrucker Regierung den Auftrag erhielt, „ein Visier eines Epitaphi" zu machen, welches „zu ewiger Gedechtnus" an den bedeutsamen Act in Erz gegossen werden sollte.*) Ludwig Ritterl, den ich sonst bei keiner anderen Gelegenheit bethätigt oder auch nur erwähnt

---
*) Mittheilungen der k. k. Central-Commission zur Erforschung und Erhaltung der Kunst- und historischen Denkmale Bd. VIII. S. 54 f.

finde, hatte auch in der That eine Zeichnung angefertigt, welche am 6. April 1564 der Salzmair von Hall nach Innsbruck schickte. Nach den eingehenden Forschungen und Studien über die Arbeiten Alexander Colins kam ich aber zur Ueberzeugung, daß diese Erztafel ein Werk dieses Meisters ist, und daß die Zeichnung des Ludwig Ritterl ihm höchstens in Betreff der Oertlichkeit, an welcher der Kaiser den Stollen aufschlug und etwa hinsichtlich des Costüms der Bergleute dienstlich sein konnte; denn Architektur, Ornamentirung und Figuren sind ganz Colinisch. Aber auch selbst im Falle, daß dieser Arbeit die Zeichnung des Malers Ritterl zu Grunde läge, bliebe doch die plastische Darstellung eine bewundernswerthe Leistung.

Die Arbeit dieser Erztafel fällt in das Jahr 1564 oder 1565, in welcher Zeit, wie schon bei einer anderen Gelegenheit bemerkt wurde, Colin selbst die Regierung versicherte, kein Bildhauer in Innsbruck sich befand, welcher im Stande gewesen wäre „etwas in Wachs zum Guß zu schneiden, zu formiren oder zu bossiren." Die Arbeit wurde von der kaiserlichen Regierung vergeben und diese hat sie doch gewiß keinem anderen übertragen als dem Meister Colin, welcher gerade in dieser Zeit fortwährend Klagen über Mangel an Arbeit und den Abgang von Zeichnungen zum Grabe Maximilians an die Herren des Regiments und der Kammer brachte. Im September 1564 hatte auch die landesfürstliche Kammer dem Meister zugesagt, ihm auch „sonstige Arbeit" zuzuwenden. Die kaiserliche Behörde war also geradezu verpflichtet, die Herstellung dieser Erztafel Colin zu übertragen, welcher als Hofbildhauer auch unbestritten Anspruch auf diese vom Hofe selbst veranlaßte Arbeit hatte.

Unter den decorativen Einzelheiten sind es wieder besonders die auch an den Colin'schen Arbeiten in Heidelberg vorkommenden Früchtenbüschel mit der langgezogenen birnenförmigen Frucht, welche des Meisters Hand verrathen, während wir die am Halse der Capitäle angebrachten Löwenköpfe an der Architektur des von Colin nach seiner eigenen Angabe verfertigten Dreyling'schen Grabmals in Schwaz wiederfinden. Doch von allen diesen indirecten Beweisen für die Autorschaft Colins abgesehen, gibt uns schon die Art und Weise der Behandlung der kleinen Figuren die volle Ueberzeugung, daß der Meister dieser trefflichen Arbeit nur Alexander Colin sein kann. Der trotz aller Schwierigkeit gelungene Guß der Tafel aber ist das Werk der Löffler'schen Gießerei, außer welcher es ja damals keine zweite in Innsbruck gegeben hat.

In Nachstehendem geben wir nun eine etwas nähere Beschreibung dieses Kunstwerkes.

Die architektonische Umrahmung des Bildwerkes, welche für uns besondere Bedeutung hat, da sie zeitlich fast unmittelbar an Colins Arbeiten am Heidelberger Schlosse sich anschließt, erscheint hier streng geschlossen, die ganze äußere Form ist eine gebundene, durchaus klar ausgesprochene.

Zwei jonische Pilaster tragen ein einfaches Gebälke, welches von einem durchlaufenden Fries ohne Kranz geschlossen ist. Die Pilaster haben je drei Canelluren. Am Pilasterhalse sind Löwenköpfe angebracht, die in das Capitäl hineinragen. Die Basis der Pilaster ist die einfache jonische.

Den Aufbau bilden zwei mächtige Voluten, die in der Mitte einmal rechtwinkelig gebrochen sind, das Auge der größeren Volute wird durch eine sechsblätterige Rosette geschmückt. Im Felde zwischen den beiden Voluten ist der von zwei Greifen gehaltene Schild mit dem Reichsadler, überragt von der deutschen Kaiserkrone, und umgeben von der Kette des Toissonordens angebracht. Darüber erscheint noch ein kleiner etwas gedrückter Giebel, der insoferne abweichend von der herkömmlichen Art construirt ist, als seine Schenkel nicht mit dem darunter liegenden Gesimse correspondiren, sondern nach rechts und links erheblich zurücktreten. Das Giebelfeld füllt der österreichische Bindenschild mit zwei etwas steif gehaltenen Flugbändern.

Die leere, zwischen den Voluten und der Wappentafel entstandene Fläche füllt je ein prächtig componirter Feston, der oben an einem Ring befestigt und in reicher Blumen- und Früchtenfülle zum Auge der Volute gezogen ist.

Die Basis dieser Erztafel wird durch ein breites Gesimse eingeleitet, welches auf zwei nur zum Theile sichtbaren Consolen aufruht; zwei Füllhörner, die in schlanke, scharf abgespitzte Akanthusranken mit volutenförmigem Schlusse enden, bilden die Verkleidung der eigentlichen Stützen. Eine sehr elegant gezeichnete Maske mit einer Palmettenkrone gibt den Schlußstein.

Der Raum zwischen den Consolen und den Füllhörnern wird von der Inschrifttafel eingenommen. Ein ziemlich reich profilirter Rahmen, dessen untere Langseite von der Palmettenkrone der Maske durchbrochen wird, ist mit halbkugelförmigen Nägeln decorativ an die Haupttafel befestiget und enthält die Inschrift in erhabenen, reich behandelten deutschen Lettern.

Ist schon die architektonische Umrahmung dieses Denkmals eine durchaus von künstlerischem Geiste durchdrungene Arbeit, so ist dies bei dem Relief selbst in noch viel höherem Grade der Fall. Der Vorgang ist mit großer Anschaulichkeit und Lebendigkeit geschildert. In der Mitte des Bildes erscheint der Kaiser, den Stollen mit dem Bergeisen aufschlagend, und um ihn herum gruppiren sich kreisförmig zahlreiche Hof- und Bergleute, andere sind eben im Begriffe, auf gezimmerten Treppen zum Festplatze herabzusteigen, während etliche Festgäste es vorziehen, vom Berge herab den bedeutsamen Act sich anzusehen.

Der neue Stollen ist im Holzwerk gegeben, welches in der Mitte ein größerer Schild mit dem Reichsadler, rechts und links zwei kleinere Schilde mit dem Tiroler Adler und dem Bindenschild schmücken.

Die Staffage hat Colin mit besonderer Liebe gegeben. Wie selten ein anderer Meister hat Colin das Stoffliche an seinen Figuren zu behandeln gewußt. Den technischen Schwierigkeiten irgend einer malerischen Pose ist Colin nie aus dem Wege gegangen. Mit brillanter Naturwahrheit sind die über die Treppen herabsteigenden Festtheilnehmer dargestellt, bei denen sich noch die Schwierigkeiten der Ueberwindung perspectivischer Verkürzung im Relief geltend machen. Der Ausdruck der Köpfe ist der sich eben entwickelnden Handlung vollkommen angemessen. Auch in diesem Relief sind Hände und Füße der Figuren mit besonderem Geschicke dargestellt. Die Reliefirung der Füße verdient hier um so mehr eine specielle Berücksichtigung, als mehrere von den Figuren in der Rückansicht gegeben sind, wodurch die Füße in voller Verkürzung erscheinen.

Aber nicht nur das figurale Element dieses Reliefs ist des besten Meisters würdig, von gleicher Bedeutung ist auch die landschaftliche Umgebung, insbesondere die Details dieser Umgebung, in welcher sich die Handlung abspielt. Ganz abgesehen davon, daß Colin mit einer ihm eigenen Vorliebe im Relief einen weit zurückgehenden Hintergrund wählte, was bekanntlich sehr große Schwierigkeiten verursacht, hat er es verstanden, die Details des Vordergrundes mit einer Naturwahrheit zu schildern, welche unsere ganze Bewunderung in Anspruch nimmt. Wie naturgetreu ist nicht der Stamm des Baumes im Vordergrund behandelt! Die Details der Rinde, welche stellenweise abgefallen ist, das knorrige Wurzelwerk des Baumes hat der Meister plastisch trefflich zu geben gewußt. Die blätterreiche Krone mit dem sich verzweigenden Geäste, die Gräser und Blattpflanzen des Vordergrundes, die Felsen und das lockere Erdreich im Mittelgrunde verrathen durchwegs ernstes Studium nach der Natur und geben neuerdings Zeugniß dafür, daß Colin die italienischen Meister sich zum Vorbild genommen hat; denn die deutsche Landschaftsmalerei des 16. und 17. Jahrhunderts war vom Studium nach der Natur noch sehr weit entfernt.

So lernen wir in diesem verhältnißmäßig kleinen Relief alle Vorzüge Colin'scher Kunst kennen. Auf diesem engen Raume hat der Meister nicht bloß eine Fülle von lebendigen Figuren zu vereinigen gewußt, sondern auch ein landschaftliches Bild von hohem Reize zu schaffen verstanden, so daß dieses Werk unsere rückhaltlose Bewunderung verdient.

VI.
Das Grabmal des Erzgießers Gregor Löffler und seiner Gattin im Museum zu Innsbruck (c. 1566).
Vgl. Tafel XII., 1.

Das Museum zu Innsbruck bewahrt seit etlichen Jahren in seiner Sammlung von Denkmälern auch das in Erz gegossene, früher in der Kirche zu Hötting bei Innsbruck angebrachte Grabmal des Erzgießers Gregor Löffler und seiner Gattin Elisabeth Pranger.

Gregor Löffler war der Sohn des seiner Zeit berühmten Gießers Peter Leiminger von hl. Kreuz (so nannte sich dieser Meister zuerst). Vermählt mit Elisabeth Pranger von Innsbruck, erzeugte Gregor Löffler zwei Söhne, Hans Christof und Elias und fünf Töchter. Von seinen Werken ist das bedeutendste die zum Grabmal Kaiser Maximilians gehörige Statue Chlodwigs in der Hofkirche zu Innsbruck.*) Das Löffler'sche Grabmal hat eine Höhe von 1,6 m und eine Breite von 76 cm und wurde wie später gezeigt werden soll, von Alexander Colin modellirt und von dem Sohne Gregor Löfflers, Hans Christof gegossen.

So sehr der figurale Theil des Grabmals mit dem Charakter der übrigen Arbeiten Colins übereinstimmt und darin die Hand desselben sich nicht verkennen läßt, hat der Meister hier einen ungleich reicheren ornamentalen Schmuck entfaltet, als wir sonst bei ihm zu finden gewohnt sind. Zugleich hat er es auf die glücklichste Weise verstanden, mit den freien ornamentalen Enden eines Cartouchen-Motivs die strengen Formen der Architektur zu verbinden.

Das von reicher Ornamentirung umgebene Mittelfeld enthält die usuelle Kreuzigungs-Gruppe, nämlich Christus am Kreuze, Maria, Johannes

---
*) Archiv für Geschichte und Alterthumskunde Tirols. I. 61 f.

und Magdalena. Maria und Johannes, zwei edle Gewandfiguren, stehen rechts und links vom Kreuze, welches die an seinem Fuß hingesunkene Magdalena mit beiden Armen umklammert. In gleicher Linie mit dem Rahmen des Mittelfeldes, nur durch ein schmales Gesims getrennt, erheben sich zwei kurze, aber durchaus nicht gedrungene Pilaster, zwischen denen eine Schrifttafel mit biblischen Texten angebracht ist. Dieses Feld wird von einem Giebel gekrönt, welcher durch die Gestalt Gott Vaters mit ausgestreckten Armen ausgefüllt erscheint. Diese im Dreiviertelprofil gehaltene Halbfigur ist voll edler Bewegung. Die Gleichmäßigkeit der ausgestreckten Arme wußte der Künstler durch eine geschickte Perspective in eine schöne Linie zu bringen. Kein Wunder, daß Colin es sich nicht versagen konnte, diese so gelungene Figur noch an einem anderen Grabmale zu verwenden. Den Giebel des Grabmals schließen zwei Kindergestalten ab, die in italienischer Weise längs der Giebelschenkel gelagert sind und die Wappenschilde der Familien Löffler und Pranger halten. Auf der Giebelspitze selbst ist ein würfelförmiger Stirnziegel mit daraufgesetztem Todtenkopfe angebracht. Die Seitentheile des Grabmals sind ganz ornamental gebildet und erscheinen sowohl nach oben wie nach den Seiten hin cartouchenartig gerollt. In gleicher Höhe mit den Figuren am Fuße des Kreuzes sind die im Gebete knienden Figuren Gregor Löfflers und seiner Gattin angebracht. Der leere Raum darüber wird durch ein sehr geschmackvolles, ganz im italienischen Stile gehaltenes Ornament ausgefüllt. Die Consolen, welche den Aufbau zum Theile tragen, sind mit Vasen und Früchten geschmückt, der Sarkophag, in welchem als Symbol irdischer Vergänglichkeit die Figur eines männlichen Leichnams auf einem, unter dem Kopfe gerollten Teppiche ruht, schließt nach unten mit einem breiten Sockel, der das charakteristische Profil italienischer Sockelgesimse trägt.

Die in deutschen Lettern gegebene Inschrift des Grabmals lautet: „Hir ligen begraben der erwest Gregori Löffler, so am 11. Juny anno 1565 und die erntugendsam fraw Elisabeth Prangerin, sein eeliche hausfraw, so am 11. July anno 66 cristenlichen tods abgangen. Got gnad iren seelen amen."

An keinem anderen, von Colin verfertigten Denkmale lernen wir wie an diesem den Meister als Ornamentiker würdigen und schätzen. Das ganze Denkmal aber zeigt, daß der Meister unter italienischem Einfluß gestanden ist. Nicht nur die Silhouette des Epitaphs, sondern auch die feine, nur schwach über die Fläche sich erhebende Architektur, die hier einen ganz untergeordneten Rang einnimmt und insbesondere die Behandlung der ornamentalen Details, die sich nirgends vordrängen und doch höchst anmuthig und belebend wirken, sprechen dafür, daß Colin die Kunst der Italiener gründlich gekannt hat.

Wenngleich nun schon ein Blick auf den figürlichen Theil des Grabmals genügt, um Colin als den Zeichner und Modelleur desselben anzunehmen, andererseits schon der Umstand, daß zur Zeit in Innsbruck nur eine, und zwar die Löffler'sche Gießerei bestand, Hans Christof Löffler als den Gießer des Grabmals befingerzeigt, wollen wir doch diese Autorschaft etwas näher begründen.

Gregor Löffler starb, wie die Inschrift an seinem Grabmale besagt, 1565, seine Gattin 1566.*) Die Errichtung des Denkmals war naturgemäß die Aufgabe seines Sohnes Hans Christof, welcher nach dem Tode seines Vaters in dessen Gießerei auf Büchsenhausen selbständig sich bethätigte. Daß das Grabmal von ihm gegossen worden ist, kann wohl als selbstverständlich betrachtet werden. Hans Christof Löffler, selbst ein renommirter Gießer, hätte gewiß schon aus Pietät gegen seine Eltern und Ehren halber diese Arbeit nicht einem fremden Gießer übertragen. Dafür aber, daß Alexander Colin das Denkmal gezeichnet und modellirt hat, sprechen viele, sowohl äußere als innere Gründe.

Wem anderen als Colin hätte wohl Hans Christof Löffler diese Arbeit übertragen sollen? Colin war mit dem Hause Löffler nicht bloß befreundet, sondern auch verwandt. Er war auch nicht bloß der vorzüglichste Bildner in Innsbruck, sondern zur Zeit hier auch allein im Stande, eine solche Arbeit zu liefern. So erklärte am 24. December 1564 die Innsbrucker Regierung in ihrer Beantwortung der von Erzherzog Ferdinand an sie gestellten Frage, wem sie die Modellirung des Brunnens (mit dem Aktäon) zu übertragen gedenke, außer Colin wisse sie keinen Meister, der zu dieser Arbeit zu brauchen wäre. War aber um die Zeit, als Gregor Löfflers Grabmal angefertigt wurde, kein Bildhauer in Innsbruck, welcher jenen Brunnen hätte modelliren können, so war hier noch weniger ein Meister, welcher die Zeichnung und Modellirung des Löffler'schen Grabmals zu Stande gebracht hätte.

Wie schon bemerkt, trägt das Löffler'sche Grabmal, wenngleich reicher ornamentirt als andere Grabmäler Colins, doch ganz den Charakter dieses Meisters besonders im figuralen Theile. In diesem ist es speciell die sinnbildliche Darstellung irdischer Vergänglichkeit, welche Colin als den Meister dieses Denkmals verräth. Die Figur des todten männlichen Körpers ist

---
*) Archiv für Geschichte und Alterthumskunde Tirols, I. 61 f.

hier ganz in derselben Weise auf einem Leintuche, dessen Enden theilweise das Haupt und die Lenden verhüllen, hingestreckt, wie auf dem Grabmal Colins selbst. Ebenso deutlich weist auf Colin das an den Consolen angebrachte Ornament, Früchtenbüschel mit langgezogener, birnförmiger Frucht, ein Ornament, welches hier genau so wie an den von Colin in Heidelberg ausgeführten Arbeiten behandelt erscheint.

Als die Zeit der Herstellung des Löffler'schen Grabmals kann das Jahr 1566 angenommen werden, in welchem die Mutter des Hans Christof Löffler gestorben ist.

VII.
Das Grabmal der Familie Dreyling in der Pfarrkirche zu Schwaz (1578).

Das in Erz gegossene Dreyling'sche Grabmal in der Pfarrkirche zu Schwaz, dem wir jetzt unsere Aufmerksamkeit schenken wollen, bedarf keines urkundlichen oder sonstigen Beweises Colin'scher Arbeit. Unter seiner Inschrift, welche uns über die Persönlichkeit des Verewigten und seinen Todestag belehrt, steht nämlich eine zweite, welche eine für uns weit interessantere Mittheilung enthält, nämlich:

„Mir gab Alexander Colin den Possen,
Hans Christof Löffler hat mich gegossen 1578."

Mag nun der eine oder der andere der beiden Meister sich zu diesem Reime verstiegen haben, Reim und Jahrzahl entheben uns aller weiteren urkundlichen Forschung über dieses Denkmal; wir erfahren daraus Alles, was wir darüber hauptsächlich zu wissen verlangen. Es ist ein 1578 zu Stande gekommenes Werk des Bildhauers Alexander Colin, in Erz gegossen von Hans Christof Löffler.[*]

Die Persönlichkeit, zu deren Gedächtniß das Denkmal zunächst errichtet worden ist, nennt uns die daran angebrachte längere Inschrift. Es ist

---

[*] Der Großvater des Hans Christoph Löffler, Peter Leiminger, hat für dieselbe Kirche, in welcher das Grabmal sich befindet, die durch ihren bildnerischen Schmuck nicht weniger als durch ihren Ton sich auszeichnende große Glocke gegossen.

der 1573 zu Schwaz verstorbene Hans Dreyling zu Wagrain,*) Erzherzogs Ferdinand Rath, Berg- und Schmelzherr zu Schwaz. Der hochangesehene Gewerke, Gatte dreier Frauen und Vater dreier Söhne und mehrerer Töchter, hatte 1569 in zweiter Ehe Regina Löffler, Tochter des Gregor Löffler und Schwester des Hans Christof Löffler, zur Frau. Von seinen Enkeln aber war einer, Hans Dietrich Dreyling jun., mit Magdalena Colin, Tochter Alexander Colins vermählt. Die nahen verwandtschaftlichen Beziehungen der beiden Meister zur Familie Dreyling verleihen dem Grabmale eine besondere Bedeutung.

Während andere von Colin verfertigte Denkmäler in vielen Punkten eine überraschende Uebereinstimmung aufweisen, weicht dieses in der Composition sehr beträchtlich von den anderen Epitaphien ab.

Das Mittelfeld, dessen plastischen Schmuck wir später beschreiben werden, schließt mit einem vollen Rundbogen, dessen Archivolte durch einen Lorbeerkranz in Hochrelief ausgezeichnet ist. Der Schlußstein des Bogens ist consolenartig behandelt und dient als Stütze für einen geflügelten Todtenkopf, auf welchem eine Sanduhr aufgesetzt erscheint. Die zwei seitlichen Felder sind durch Pilaster markirt und durch Nischen belebt, welche Raum zu je einer Figur geben. Die Halbkuppel der Nischen ist durch eine Muschel verziert; darüber sind Embleme des Berg- und Hüttenwerks angebracht. Interessant ist die Lösung des architektonischen Aufbaues über den Pilastern. Der Architrav fehlt und ist nur durch ein kleines Gesimse über den jonischen Pilastercapitälen angedeutet. Der Fries ist durchbrochen und bildet in Folge dessen ein kämpferartiges Glied, auf welchem das Kranzgesimse mit doppelter Verkröpfung aufruht. Löwenköpfe schmücken den Fries, der Rundstab unterhalb der Hängeplatte ist durch einen einfachen Eierstab geschmückt, welchem sonderbarer Weise die Zwischenblätter fehlen.

Den Abschluß der Seitentheile bildet eine Art von Bedachung, die rechts und links je einem auf dem Bogen des Mittelbaues ruhenden nackten Genius zur Stütze dient. Diese Bedachung ist durch ein feines Gesimse geschlossen und mit einem en face gestellten, geflügelten Engelskopf geschmückt.

Der Unterbau des Denkmales ist in großen, breiten Zügen componirt und läßt durch die ganze Breite einen Fries offen, der zur Aufnahme der Gruppe der zahlreichen Familienglieder bestimmt ist.

---

*) Die Dreyling scheinen schon ziemlich früh geadelt worden zu sein. 1573 erhielt Hans Dreyling der Aeltere, nachdem er durch Kauf das adlige Gut Wagrain bei Kufstein an sich gebracht hatte, für sich und seine drei Söhne von Erzherzog Ferdinand das Recht zugesprochen, des Prädicates von Wagrain sich zu bedienen.

Die Vermittlung des Denkmals mit der Mauer bildet eine Volute, die mit zweimaliger rechtwinkliger Unterbrechung sich nach abwärts fortsetzt und in der Mitte cartoucheartig endet. Als Markirungspunkt, gleichsam als Befestigung ist wieder ein geflügelter Engelskopf angebracht, bei welchem sich auch die oben erwähnten Reimzeilen befinden.

Auch dieses Denkmal erinnert stark an italienische Vorbilder. Dafür sprechen nicht nur die an den Rundbogen sich lehnenden Vollfiguren, die Muscheln in den Halbkuppeln der Nischen, die Festons, welche die Consolen unterhalb der Pilaster verbinden, sondern viel mehr noch die unten abschließende langgezogene Volute, welche oben hinter dem Schlußstein des Bogens eine symmetrische Endigung findet.

Den Stoff zur bildlichen Darstellung im Mittelfelde entnahm Colin der Apokalypse des hl. Johannes (c. IV und V). Zu höchst erblicken wir Gott Vater auf dem Throne, das Buch mit den sieben Siegeln auf seinem Schooße, auf welches ein Lamm hinaufzuspringen sucht (c. V. v. 1, 6, 7). Ueber dem Throne wölbt sich ein Regenbogen, an welchem sieben brennende Lampen (die sieben Geister Gottes c. IV. v. 5) hangen. An der ersten Stufe des Thrones sind die Symbole der vier Evangelisten angebracht (c. IV. v. 6, 7). An der rechten Seite des Thrones schwebt auf Wolken ein Engel, die Rechte hoch ausstreckend, mit der Linken auf das geheimnißvolle Buch deutend (c. V. v. 2, 3), zur Linken des Thrones aus den Wolken hervortretende Engelsköpfe. Tief unter dem Throne kniet der Seher Johannes, die Rechte gegen den Himmel ausstreckend, die Linke an seine Brust haltend, das Haupt entzückt nach oben wendend. Rechts und links von ihm sitzen in zwei halbkreisförmigen Reihen je zwölf Männer, ihre Kronen theils auf dem Haupte tragend, theils in den wie zum Opfern bereiten Händen haltend (c. III. v. 4, 10, c. V. v. 8).

Unterhalb dieser figuralen Darstellung, aber noch in das Feld derselben hineinragend ist eine Tafel mit dem Texte eines Dankgebetes angebracht. Die Wahl einer Darstellung aus den Schriften des Apostels Johannes, die Colin mit Vorliebe gelesen und öfters für seine Bildwerke benützt hat, läßt sich wohl schon durch den Umstand erklären, daß das Grabmal für einen Johannes bestimmt war; daß aber der Meister gerade diese mysteriöse Offenbarung des Apostels gewählt hat, ist bezeichnend für seine religiöse Richtung.

Die beiden Figuren rechts und links in den zwei Nischen symbolisiren den Charakter des Hans Dreyling als Berg- und Schmelzherrn.

Die eine Figur, links vom Beschauer, stellt den Bergmann vor, mit geschlitzten Pumphosen und dem rückwärtigen Lederschurze der Knappen, die rechtseitige Figur den Erzschmelzer im einfachen langen Kittel. In den Feldern ober den beiden Nischen erblickt man die Werkzeuge des Bergbaues und Hüttenwerks trophäenartig angebracht.

Im Unterbau des Grabmales hat Colin die Persönlichkeiten dargestellt, zu deren Gedächtniß das Monument bestimmt war. Als die Hauptperson erscheint Hans Dreyling, auf einem Kissen kniend, die Hände zum Gebet gefaltet. Die Figur, namentlich deren Beinstellung, erinnert sehr an den in gleicher Weise abgebildeten Gregor Löffler auf dessen Grabmale. Hinter Hans Dreyling steht sein Patron, der hl. Johannes der Täufer, die Linke auf seinen Schützling legend, mit der Rechten zum Himmel deutend. Dahinter knien die drei Söhne und zwei Enkel Dreylings. Die Mitte des die ganze Breite des Grabmals einnehmenden Feldes ziert das Wappen der Familie. Die rechte Seite dieses Feldes nehmen die Frauen und Töchter des Hauses ein, alle kniend und die Hände zum Gebete faltend. Auf zwei der Frauen des Hans Dreyling legt eine hinter denselben stehende Heilige ihre schützenden Arme. Unter den drei Frauen hängen deren Familienschilde, unter der zweiten der Löffler'sche. Diese Schilde ragen zum Theil in den architektonischen Abschluß des Grabmales, welcher durch eine Schrifttafel und die früher erwähnte Volute gebildet wird. Auf der Tafel befindet sich folgende Inschrift: Anno Domini 1573 den 15. Septembris ist allhir zu Schwatz in Gott seeliglich entschlafen der edl und vöst Herr Hans Dreyling zu Wagrain der ölter in seinem Leben der fürstl. Durchlaucht Erzherzog Ferdinanden zu Oesterreich gewester Rath, Berg- und Schmölzherr in Tirol, dessen und allen christglaubigen Seelen der allmechtig Gott gnädig sein wolle durch Jesum Christum unsern Herrn Amen.

Das Grabmal hat eine Höhe von 6' 8" und eine Breite von 4' 5".

VIII.

Das freiherrlich von Althan'sche Grabmal in der Kirche zu Murstetten (1578).

Vgl. Tafel XIII., 1.

Bei der Uebergabe der Arbeiten für das Grabmal Kaiser Maximilians I. an die Gebrüder Abel hatte Kaiser Ferdinand I. dem Arnold Abel den Auftrag gegeben, die Zeit, während welcher die zu den Reliefs nothwendigen Marmorstücke in Carrara gebrochen würden, zu einer Reise nach Rom und anderen italienischen Städten zu benützen, um „alda etliche kunstliche Arbeiten und Antiquitäten" zu besichtigen. Die Frucht der von Arnold Abel in Italien gemachten Studien ist an den von ihm und seinem Bruder ausgeführten Arbeiten nicht wahrzunehmen, wohl aber möchte man von Alexander Colin glauben, daß er die „künstlichen Arbeiten und Antiquitäten" Italiens gesehen und studirt habe, namentlich, wenn man seine Arbeit des Althan'schen Grabmals betrachtet, welches nicht bloß im Allgemeinen seine antikisirende Richtung, die wir an allen seinen Werken finden, erkennen läßt, sondern die Benützung bestimmter Werke des Alterthums constatirt. War Colin in Italien, oder basiren seine Studien lediglich auf Zeichnungen, die der Kunsthandel aus diesem Lande seiner fernen Heimath vermittelt hat? Leider läßt sich diese Frage noch nicht beantworten.

Das aus sieben Reliefbildern bestehende freiherrlich von Althan'sche Grabmal war schon Primisser[*]) als Werk Colins bekannt, ohne daß er jedoch über dasselbe etwas Näheres mittheilen zu können in der Lage war. Erst in neuester Zeit hat Freiherr von Sacken durch einen ausführlichen Bericht und eine nähere Beschreibung des durch „wahrhaft überraschende Schönheit" sich auszeichnenden Denkmals uns mit demselben bekannt gemacht.[**]) Das Grabmal befindet sich in der Kirche zu Murstetten in Niederösterreich, leider aber nicht mehr in seiner ursprünglichen Zusammensetzung, da dasselbe wahrscheinlich beim Umbau der Kirche in drei Theile getheilt wurde und diese aus Räumlichkeitsrücksichten an verschiedenen Orten der Kirche ihre neue Aufstellung fanden.

[*]) Denkmäler der Kunst und des Alterthums in der Kirche zum hl. Kreuz Innsbruck 1812. S. 32.
[**]) Berichte und Mittheilungen des Alterthumsvereins zu Wien Bd. XXI. S. 137 f.

Der Meister des in Tiroler Marmor ausgeführten Grabmals, dessen ganzer Charakter schon auf Colin hinweist, ist auch urkundlich festgestellt. Eine von Freiherrn von Sacken in dessen Aufsatze über das Grabmal abgedruckte Urkunde vom 22. December 1577 des k. k. Statthalterei-Archivs zu Innsbruck bezeichnet nämlich Alexander Colin als den Verfertiger des Denkmals, welches der Meister zu dieser Zeit in der Hauptsache bereits vollendet hatte. Die Aufstellung des Grabmals erfolgte nach einer Inschrift desselben 1578.

Daß die jetzt in drei Partien vertheilten sieben Reliefbilder früher zu einem Grabmale vereint waren, ergibt sich schon aus den eng zusammenhängenden bildlichen Darstellungen. Von der einstigen architektonischen Umrahmung sind aber nur Bruchstücke vorhanden. Ich muß mich daher auf die Beschreibung der als drei Grabmäler behandelten und aufgestellten Reliefs selbst beschränken und stütze mich hiebei hauptsächlich auf die Beschreibung des Freiherrn von Sacken.

Das erste Grabmal besteht aus drei Relieftafeln, von welchen die 32 cm hohe und 48 cm breite mittlere die Auferstehung Christi darstellt. Der milde zur Erde blickende Heiland, welcher in seiner Linken die Auferstehungsfahne hält, die Rechte leicht ausgestreckt hält, schwebt von einer mit Engelsköpfen belebten Wolke getragen über dem Grabe, neben welchem die mit mittelalterlichen Waffen ausgerüsteten Wächter des Grabes zwei charakteristische Gruppen bilden. Einer derselben schläft noch unbeirrt weiter, ein anderer wendet sich aufgeschreckt durch die Erscheinung ab und sucht sich mit dem Schilde zu decken, auch die übrigen geben ihrem Schrecken und Entsetzen bewegten Ausdruck. Der rührigste der sechs römischen Söldner ist bereits auf der Flucht begriffen. Den Hintergrund bildet eine stellenweise mit Bäumen und Pflanzen versehene Felswand. An der Christus umgebenden Strahlen-Glorie fand Freiherr von Sacken noch Reste der Vergoldung.

Die zweite 67 cm hohe und 50 cm breite Relieftafel zeigt uns den Stifter des Grabmals, Christof von Altham, in seiner vollen Rüstung, Mäusel und Kniescheiben der Rüstung, sowie der Helm sind mit darauf gemalten Verzierungen geschmückt. In den Teppich, mit welchem der Betstuhl überhängt ist, sowie in das Kissen, auf welchem der kräftige Mann kniet, sind geschmackvolle Muster gemeißelt, deren Zeichnung Colin offenbar den Gewändern der großen Erzbilder in der Hofkirche entnommen hat. Alle Details erscheinen mit der dem Meister eigenen Sorgfältigkeit behandelt und ausgeführt.

Die andere, zur rechten Seite des Reliefs der Auferstehung stehende, der vorbeschriebenen an Größe gleiche Marmortafel stellt in ziemlich hohem Relief die beiden Gemahlinnen des Stifters dar, von welchen die erste, Sophie Marschalk von Reichenau, 1570 gestorben war, die zweite aber zur Zeit der Anfertigung des Grabmales noch lebte, daher die Inschrift, welche auch nach deren Tode nicht angebracht wurde, fehlt. Beide Damen knien mit gefalteten Händen auf dem überdeckten Betschemel nebeneinander. Sie tragen die Kleidung der vornehmen Damen jener Zeit. Am Ueberkleide der vorderen Dame finde ich dasselbe Muster mit dem halbgeöffneten Granatapfel, wie am Teppich des Grabmals der Philippine Welser in Innsbruck. Die Gesichter der beiden Frauen sind, wie Freiherr von Sacken schreibt, im Halbprofil herausgearbeitet und von ungewöhnlicher Schönheit. Die Ornamente der Stoffe an dem Gewande der vorderen Frau sind plastisch, am Kleide der anderen aber so, wie am Tuche, mit dem der Betschemel bedeckt ist, mit bläulicher Farbe gemalt. Die Anwendung decorativer Malerei bei plastischen Figuren von Marmor finde ich sonst an keinem der vielen Werke Colins.

Das zweite Grabmal besteht aus zwei 70 cm hohen und 54 cm breiten Tafeln von weißem Marmor, von welchen die eine den Bruder des Stifters, Adolf von Althann, in derselben Stellung und Rüstung, wie am Bildnisse des ersteren, die andere Tafel aber das alttestamentliche Vorbild des christlichen Abendmahles, den Mannaregen oder vielmehr das Sammeln des Manna in hohem Relief darstellt. Im letzteren, leider an mehreren Stellen beschädigten Bilde, sind die Mannasammler, zum größeren Theile Frauen, in verschiedenen Lagen und Stellungen kreisförmig gruppirt. Während die einen noch mit Sammeln beschäftigt sind, heben die anderen die gefüllten Körbe oder schreiten mit dem Ergebniß der fröhlichen Arbeit hinweg. Der in der Mitte geöffnete Figurenkreis gestattet einen Blick über die öde Landschaft, die im Hintergrunde von hohem Felsgebirge abgeschlossen wird. In der Ferne rechter Hand erblickt man die Zeltlager der Israeliten, nach welchen auch die mit Manna versehenen ihre Schritte lenken.

Das dritte Grabmal besteht wieder aus zwei Reliefs in der Größe der vorbeschriebenen. Das eine stellt den zweiten Bruder des Stifters vor, Hans von Althann, ebenfalls auf dem Schemel kniend und betend, in einfach verzierter Rüstung. Das starre Eisenkleid verstand Meister Colin bei dieser wie bei den anderen Ritterfiguren so zu behandeln, daß die Körperlinien der dargestellten Herren und damit ihre leiblichen Gestaltungen völlig erkennbar werden. Das andere Relief stellt die biblische Geschichte von der ehernen Schlange in der Wüste vor, ein Bild voll Leben und Bewegung. Nach der Photographie zu schließen, dürfte es eine der künstlerisch werthvollsten Arbeiten unseres Meisters sein. Freiherr von Sacken beschreibt die Vorstellung in folgender, zutreffender Weise: „Im Vordergrunde sind die Opfer der giftigen Schlangen und der Kampf mit denselben dargestellt, rechts ein Krieger, todt auf das Gesicht hingestürzt, links ein zweiter, der sich gegen die Schlange wehrt; eine kniende Frau mit entblößtem Oberleib sucht sich in krampfhaften Windungen von dem Ungethüm zu befreien, ein weiblicher Laokoon, vollständig in der Haltung des Kopfes und der Arme dem berühmten vaticanischen Bildwerke (aber im Gegensinne) nachgebildet, auch die Schlange umstrickt sie so wie den Vater Laokoon. Ein Jüngling, ihr Gegenstück, kämpft ebenfalls mit der Bestie. Die Mittelgruppe zeigt die Heilung derer, welche der auf einem Kreuze aufgerichteten ehernen Schlange vertrauensvoll nahen. Moses deutet mit dem Stabe auf die Heilbringende hin und weist sie einem knienden Jüngling, der die Hände betend erhebt und auf sie hinblickt. Demüthig, die Hände über der Brust gekreuzt, tritt ein zartes Mädchen heran, eine ungemein liebliche Gestalt; der jugendliche Leib ist entblößt, ein faltenreiches Gewand über die Schulter gelegt; im Hintergrunde sieht man noch einen bittenden Jüngling und eine Frau mit inbrünstig erhobenen Händen. Links von dieser schönen Gruppe kommt die Erfüllung zum Ausdruck, das heilbringende Ereigniß, für welches die eherne Schlange das alttestamentliche Vorbild war, nämlich der Tod des Erlösers am Kreuze. Der Hohepriester Aaron weist auf das Crucifix hin und blickt, wie zur Verehrung auffordernd, auf den Beschauer. In tiefer Anbetung kniet neben ihm ein bärtiger Mann, eine Frau, (von rückwärts gesehen) naht mit zum Gebet erhobenen Händen und blickt auf das Kreuz; das Diadem auf ihrer Stirne bezeichnet ihre Würde; im Hintergrunde die Zelte und hohes Gebirg, die Sonne dringt strahlend durch die Wolken hervor."*)

Die beiden letztbeschriebenen Reliefs zeigen alle Vorzüge Colins ohne seine sonstigen Fehler, welche meist in einer überladenen Composition, in einer Ueberfülle von Figuren bestehen. Hier finden wir durchaus klare Anordnung, geschlossenes Zusammenhalten der einzelnen Gruppen. Bei aller Lebendigkeit in der Darstellung hat es Colin verstanden, Maß zu halten und die Handlung auf wenige, dafür höchst charakteristische Figuren

---

*) Berichte und Mittheilungen des Alterthumsvereins zu Wien Band XXI. Seite 137 f.

zu beschränken. Das Althann'sche Grabmal beweist wie jenes der Philippine Welser, daß Colin mit seltenem Geschick nackte Körper zu behandeln wußte, daß seine Kunst nur auf gründlichem Studium der Antike beruhen konnte. Die Mittelfigur in der Darstellung der Geschichte von der ehernen Schlange erinnert, wie schon Freiherr von Sacken bemerkt, ganz an Laokoon; Haltung, Bewegung, ja selbst die Windungen der Schlange gemahnen an diese berühmte Gruppe. Daß bei einem Meister von der Bedeutung Colins an eine strenge Copie nicht zu denken ist, erscheint wohl als selbstverständlich. Die augenfällige Benützung des classischen Bildwerkes ist uns nur ein neuer, und zwar der beste Beweis, daß Colin sehr ernste und gründliche Studien nach der Antike betrieben hat und daß er die Früchte dieser Studien gehörigen Ortes sehr geschickt zu verwerthen verstand. Im Uebrigen verweise ich auf die erwähnte Beschreibung des Denkmals von Freiherrn von Sacken.

IX.

Das Grabmal der Frau Katharina von Loxan in der Hofkirche zu Innsbruck (1580—1581).

In dem Gewölbe unter der breiten marmornen Treppe, welche aus der Innsbrucker Hofkirche hinauf zur „silbernen Kapelle" führt, steht das Grabmal der Frau Katharina von Loxan, Tante der Philippine Welser. Schon der erste Blick auf dieses Denkmal erinnert an den Meister des Grabmals der Philippine und eine nähere Betrachtung der Zeichnung und Modellirung der dargestellten Persönlichkeit, namentlich des Kopfes, der Arme und Hände läßt auch den weniger Kunstverständigen in dieser Arbeit die Hand Alexander Colins erblicken. Man schrieb dieses Grabmal auch allgemein diesem Meister zu, obwohl bisher kein urkundlicher Beleg für diese Annahme vorlag. Trotz langer Nachforschung konnte auch von mir nur eine einzige Notiz aufgefunden werden, welche uns darüber urkundliche Gewißheit gibt. Diese Notiz enthält ein Protokoll über die Erlässe der Hofkammer vom Jahre 1584. Dasselbe registrirt unterm 5. December einen Befehl an die o. ö. Kammer, dem „Alexander Colin, Bildhauer, für die ir (Sr.) Durchlaucht vorigen Gemahl (Philippine Welser) und weiland Frauen von Coran Begrebnus verbrachte Steinwercharbeiten 630 fl. zu bezahlen." Das Grabmal der Frau von Coran ist somit gleichzeitig mit jenem für Philippine Welser angefertigt und wie dieses von der tirolischen Kammer bezahlt worden. Beide Damen aber starben im April 1580. Das aus Tiroler Marmor angefertigte Grabmal der Frau von Coran besteht in einem 2 m langen, 72 cm hohen und 68 cm breiten, freistehenden Sarkophag, auf welchem die lebensgroße Gestalt der Verblichenen liegt. Die Seitenwände sind durch je einen Pilaster in zwei ganz flache Felder getheilt. An der vorderen Schmalseite trägt eine Tafel folgende Inschrift: „Im 1580 Jar den 15 April ist gestorben die edl tugentsamb Frau Katharina von Coran Witteb geborne Adlerin deren Seel Gott genedig und ein frolich Auferstehung verleihen well Amen." Ueber dieser Inschrifttafel ist das von zwei Genien mit gesenkten Fackeln gehaltene Wappen der Verstorbenen angebracht. Wie auf allen Grabmälern Colins, auf denen die verstorbene Persönlichkeit in Lebensgröße abgebildet erscheint, hat der Meister auch hier das Bild der Frau Coran in edler Ruhe schlummernd auf den Sarkophag gebettet. Ihr nach keiner Seite sich neigender Kopf ruht auf zwei niederen Kissen; die auf dem Leibe übereinander gelegten Hände halten den Rosenkranz mit angehängtem, verhältnißmäßig großen Kreuze. Die feine Charakterisirung des Antlitzes der alten Dame läßt schließen, daß der Meister ein gutes Porträt oder eine Todtenmaske benützte. Frau von Coran war demselben wohl auch schon seit vielen Jahren persönlich bekannt. Arme und Hände haben nicht bloß dieselbe Lage, sondern sind auch mit derselben Empfindung gearbeitet, wie wir sie am Grabbilde der Philippine Welser finden. Die Behandlung der Hände, durch welche Colin das hohe Alter der dargestellten Persönlichkeit charakterisirt, ist meisterhaft. Die Architektur des Grabmals und die darin angebrachte wenige Ornamentik gehören, wie überhaupt Alles, was Colin geschaffen hat, der Renaissance an.

X.

Das Grabmal der Philippine Welser in der Kapelle der Hoffirche zu Innsbruck (1580—1581).

Vgl. Tafel XIV.

Am 24. April 1580 starb im Schlosse zu Ambras die erste Gemahlin des Erzherzogs Ferdinand von Tirol, Philippine Welser. Der ihren Tod tief betrauernde Gatte errichtete ihr in der von ihm 1578 erbauten, an die Hoffirche anstoßenden Kapelle ein Grabmal, dessen Herstellung er dem von ihm stets hochgeachteten Meister Alexander Colin übertrug.

Bisher wurde dieses Grabmal lediglich auf Grund traditioneller Nachricht als Werk dieses Meisters bezeichnet; selbst Custos Primisser spricht nur die „Vermuthung" aus, daß der Meister desselben der gleiche sei, welcher am Grabmale Maximilians gearbeitet hat.*) Urkundliches hierüber ist bisher nicht bekannt geworden. Werke Colins, welche wie dieses Grabmal und jenes für Erzherzog Ferdinand selbst unmittelbar unter dessen Augen und persönlichen Einflußnahme angefertigt worden sind, gaben den landesfürstlichen Behörden keinen Anlaß zu vielen schriftlichen Aufträgen, Gutachten und Verhandlungen. Nur die landesfürstliche Kammer, welche die vom Landesfürsten bestellten Werke ganz oder theilweise zu bezahlen hatte, bricht noch in solchen Fällen mit obligaten Seufzern das Schweigen. Außer der oben (Grabmal Loran) erwähnten Notiz von 1584 nennt noch eine zweite den Meister dieses Grabmals. Nach dem ihr am 30. August 1580 zugekommenen Auftrage hatte die Kammer dem Bildhauer Colin, welcher „die Steinwerchsarbeit zur Begrebnus der Fraw Philippine von Oesterreich" zu verfertigen hatte, 50 fl. und dem Hoffschlosser Hans Beck, welchem die Verfertigung des Gitters zu diesem Grabe**) übertragen worden war, 100 fl. auf Rechnung zu bezahlen. Aber auch von Colins Sohne erfahren wir, daß sein Vater der Meister dieses Werkes ist. In seiner

---

*) Denkmäler in der Kirche zum hl. Kreuz in Innsbruck S. 77.
**) Dieses Gitter ist offenbar nicht ausgeführt worden. Gegenwärtig wird das Grabmal gegen den Andrang des Publicums durch eine aus wenigen Eisenstäben bestehende Schranke geschützt.

mehrerwähnten Denkschrift sagt nämlich derselbe ausdrücklich, daß sein Vater „Jrer (Sr.) fürstlichen Durchlaucht Gemahl, Philipina, nach derselben Ableiben ire Marblstein-Begrebnus" verfertiget habe. Auf dieses Werk bezieht sich, wohl auch der Befehl des Erzherzogs an die Kammer vom 16. Jänner 1581 dem Alexander Colin 200 fl., und den Bildschnitzern Andrä Glifer und Hans Conrad je 50 fl. für ihre Arbeit zu bezahlen. Andrä Glifer aber ist kein anderer, als der bereits schon einmal erwähnte Andreas Clievere, welcher 1554 in die Innung der Bildhauer und Steinmetzen von Brüssel aufgenommen und höchst wahrscheinlich schon 1567 von Colin aus den Niederlanden hieher gebracht wurde. Die beiden „Bildschnitzer" standen also dem Colin in dieser Arbeit thätig zur Seite. Das Grabmal selbst wurde 1581 vollendet und aufgestellt. Der hiezu verwendete Marmor wurde im Thale Ratschings bei Sterzing gebrochen und eignet sich, wie dieses Grabmal beweist, durch sein gleichmäßiges feines Korn auch zu feineren Sculpturen. Das Weiß dieses Marmors ist kein kaltes trockenes, sondern hat einen dem Auge wohlthuenden wärmeren Ton.

Das Grabmal der Philippine Welser befindet sich in der von Erzherzog Ferdinand erbauten, an die Hofkirche anstoßenden „silbernen" Kapelle. Es besteht zwar, wie das der Frau von Loxan, in einem Sarkophage mit darauf gelegtem lebensgroßen Bildnisse der Verstorbenen, dasselbe steht jedoch nicht frei wie das letztgenannte, sondern ist in einer Nische der Kirchenmauer so eingesetzt, daß nur die vordere Seite desselben und das auf dem Sarkophag liegende Bildniß sichtbar sind. Die dem Beschauer zugekehrte Seite des im italienischen Renaissancestile gehaltenen, 2,5 m langen und 91 cm hohen Sarkophags ist durch zwei Pilaster, deren Füllungen mit christlichen Symbolen geschmackvoll ornamentirt sind, in drei Theile getheilt, von welchen der mittlere durch eine Inschrifttafel so verdeckt wird, daß selbst von den beiden Pilastern noch ein Stück dahinter zu stehen kommt. Warum der Meister nicht unmittelbar das Mittelfeld selbst für die Inschrift benützt, sondern dazu eine eigene Tafel verwendet hat, ist nicht einzusehen. Die Inschrift lautet:

Ferdinandus dei gratia archidux Austriae, dux Burgundiae, comes Tirolis, Philippinae conjugi charissimae fieri curavit. Obiit XXIV. mensis Aprilis, anno salutis MDLXXX.

Auf dem Sarkophag liegt die lebensgroße Gestalt der Philippine, auf einen Teppich mit reichem Dessin gebettet; das Haupt ruht auf zwei über einander gelegten Kissen. Kopf, Arme und Hände haben völlig dieselbe fein gefühlte Bewegung, wie am Bilde der Frau von Loxan. Die über einander gelegten, mit Empfindung modellirten Hände mit zart abgerundeten Fingern halten den Rosenkranz mit dem großen Kreuze und dem darauf angebrachten Christusbilde. Das Antlitz der sanft schlummernden Welser ist das Porträt aus ihren alten Tagen, ein Frauenkopf, der die gepriesene Schönheit der Augsburger Patrizier-Tochter nur im Profil noch erkennen läßt. Colin hat nicht daran gedacht, einstiger Schönheit Rechnung zu tragen und durch seine Kunst sie zu verewigen, wie er auch sonst bei allen seinen Grabmälern die Verstorbenen lediglich nach ihrer letzten Erscheinung dargestellt hat.

Die zwei äußeren Felder am Sarkophag, von denen jedes eine Breite von 71 cm und eine Höhe von 61 cm hat, enthalten in Relief ausgeführte symbolische Darstellungen, welche auf die Tugenden der erzherzoglichen Gemahlin Bezug haben, im Felde rechts die leiblichen Werke der Barmherzigkeit, links die Erschaffung der Eva und theils symbolische, theils biblische Darstellungen der christlichen Glaubenslehre. Die eine Hauptfigur im Vordergrunde, welche in der ausgestreckten Rechten einen Kelch, in der Linken ein Buch hält, symbolisirt die christliche Kirche. Die ganz im Hintergrunde sichtbare Stadt ist Innsbruck mit dem Innthore. Die beiden Reliefs, deren Figuren im Vordergrunde kühn herausgemeißelt sind, müssen zu den vorzüglichsten Arbeiten Colins gezählt werden und schließen sich den besten Arbeiten der Renaissance-Meister Italiens ebenbürtig an. In der Behandlung nackter Körper bekundet Colin ungewöhnliche anatomische Kenntnisse und feines Gefühl für Formen- und Linienschönheit.

Die angestrebte perspectivische Wirkung erzielte der Meister durch die glückliche Gruppirung der Figuren im Vorder-, Mittel- und Hintergrund.

Das ganze Grabmal wird von einem in die Mauer gebrochenen flachen Bogen überwölbt, dessen Archivolte mit zierlichen Engelsköpfen aus Marmor geziert ist und dessen Schluß oben ein Ornament mit Emblemen des Todes, an das sich trauernde Genien lehnen, bildet.

XI.
Das Grabmal Erzherzogs Ferdinand in der Kapelle der Hofkirche zu Innsbruck (1588—1596).
Vgl. Tafel XV.

Wie schon eine Inschrift am Grabmale Erzherzogs Ferdinand besagt, hat der durch seinen Kunsteifer berühmte Tiroler Landesfürst bereits zu seinen Lebzeiten für die Herstellung einer seiner Persönlichkeit würdigen Grabstätte gesorgt. „Hoc sibi monumentum mortis memor vivus constituit." Und was das Monument in goldenen Lettern verkündet, wird von den allerdings nur in bescheidener Anzahl noch vorhandenen Acten der erzherzoglichen Kanzlei bestätigt.

Aus einem Schreiben der landesfürstlichen Kammer an Erzherzog Ferdinand vom 21. März 1588 erfahren wir zunächst, daß der Erzherzog zu dieser Zeit wegen seines Grabmals bereits mit Alexander Colin verhandelt hatte. Die Kammer sollte nämlich dem Meister in Betreff der Kosten desselben vernehmen und dem Erzherzog darüber ihr Gutachten erstatten. Colin übergab seinen Voranschlag, nach welchem er für seine Arbeit allein 2240 Gulden forderte. Die Kammer aber lehnte, auf ihre Unkenntniß der Sache sich berufend, die verlangte gutachtliche Aeußerung ab, wie auch die Bezahlung des Grabmals, da sie nicht einmal den Vorschuß von 500 Gulden auszuzahlen in der Lage wäre. Der Hofbaumeister Albrecht Luchese selbst war abwesend, auch hatte Colin, welcher mit demselben in schlechtem Einvernehmen stand, dessen Begutachtung entschieden abgelehnt. Der Erzherzog belastete in der Folge die Kammer mit keinen weiteren Auslagen für sein Grab, nur verlangte er von derselben im April 1589, daß sie die Unkosten des Eisengitters trage, welches er im abgelaufenen Jahre durch seinen Hofschlosser Hans Beck in der Kapelle, „alda wir unser eigne Sepultur zurichten" herstellen ließ.*) Ueber die

---
*) Dieses nüchterne, aus Stabeisen verfertigte Gitter vom Jahre 1588 mit den in den Kreuzungspunkten darauf gepreßten Knöpfen, verglichen mit dem kunstgerechten Rundeisengitter am Eingang der 1578 erbauten Kapelle deutet auf eine bedeutende Wandlung im Kunsthandwerk des Schlossers. Es ist als ob in dieser kurzen Spanne Zeit (1578—1588) das feine Gefühl für die Behandlung des Materials dem Schlosser verloren gegangen wäre.

Grabarbeit schweigen nun die Regierungsacten und nur aus der mehrerwähnten Denkschrift Abraham Colins erfahren wir noch einiges über den Fortgang derselben. Darnach hat der Erzherzog in seiner letzten Lebenszeit mit großer Ungeduld die Herstellung des Grabmals selbst geleitet und gefördert. Um die für dasselbe bestimmten Reliefs schneller zu Stande zu bringen, wollte der Erzherzog hiezu Alabaster verwendet wissen und schickte deßwegen im September 1590 Alexander Colin nach Fleims in Südtirol und im Sommer 1591 nach Scharl an der Engadiner Grenze, um dieses Material zu gewinnen. Colin soll zwar nach Durchsuchung von Berg und Thal Alabaster gefunden haben, aber nicht in jener Größe, welche die Reliefs verlangten. Eine zweite Reise Colins zur Auffindung von tauglichem Alabaster blieb ebenfalls erfolglos und so entschied sich der Erzherzog für den Tiroler Marmor. Während der Ausführung des Grabmals kam Erzherzog Ferdinand oft in die Werkstätte des Meisters, mit welchem er alle Details besprach und demselben während der Arbeit zusah. Ganz besondere Aufmerksamkeit widmete er der Anfertigung seines Bildnisses. Als er daran einen Mangel fand, mußte Colin ein neues anfertigen, und zu demselben ein taugliches Stück Marmor brechen lassen. Das Grabmal muß daher in seiner Anordnung als im Plan des Erzherzogs selbst gelegen betrachtet werden. Der Erzherzog, welcher das Werk noch zu Lebzeiten vollendet sehen wollte, drängte Colin in dieser Grabarbeit derart, daß derselbe, wie sein Sohn versichert, „früh und spat, Tag und Nacht" damit sich beschäftigte. Ferdinand erlebte jedoch die Vollendung seines Grabmals nicht. Er starb am 24. Jänner 1595. Mit einemmale tritt nun die landesfürstliche Kammer für die möglichst schnelle Herstellung des Grabes ein und fordert bald nach dem Ableben des Landesfürsten die Zollämter in Fernstein und Finstermünz auf, dem Bildhauer Colin 200 Gulden (jedes Amt 100 Gulden) zu bezahlen, „dann er (Colin) sollich Geld zu eilender Verfertigung irer Durchlaucht Begräbnusarbeit höchlich bedürftig." Die irdischen Reste des Erzherzogs wurden jedoch erst anderthalb Jahre nach seinem Tode, nämlich am 28. Juli 1596 beigesetzt.

Bei der Anfertigung des erzherzoglichen Grabmals war Abraham Colin seinem Vater thätig zur Seite gestanden, „in welcher Arbeit" aber, klagt der dabei verunglückte junge Colin, „ich leider im 96 isten Jar (1596) um mein Schenkl kummen, also zu einem tadelhaften Mann dadurch worden bin."

Das Grabmal Erzherzogs Ferdinand befindet sich in derselben Kapelle, in welcher er seiner ersten Gemahlin, Philippine Welser, ein Denkmal gesetzt hat. Doch sind hier die Grabmäler der im Leben Vereinten durch das bereits erwähnte, die Kapelle in zwei Hälften theilende Eisengitter völlig getrennt. Die 1578 erbaute, 1587 erweiterte Kapelle trägt wie die anstoßende, 1563 vollendete Kirche ganz die Signatur des noch nicht ganz vollzogenen Ueberganges von der Gothik zur Renaissance. Die im Style der Renaissance gehaltenen Pilaster der Kapellenwände tragen nämlich ein gothisches Netzgewölbe, dessen Rippen wieder mit Renaissance-Ornamenten geschmückt sind.

Die Kapelle hatte der Erzherzog wohl schon bei ihrem Bau für sich und seine Familie zur Grabstätte ausersehen und daher zur Aufnahme der Monumente vier Nischen von verschiedener Größe in die östliche Mauer derselben brechen lassen. Für sein Grabmal bestimmte er eine Nische innerhalb des eisernen Gitters, durch welches die Kapelle in zwei Hälften getheilt erscheint. In seinem am 18. Juni 1594 errichteten Codicille verordnete er darüber folgendes: „Dieweil wir das Orth zu vnnserm Grab in bemelter Capellen Innerhalb des Eisen Gätters auf der linggen Hand erwellet, vnd dasselbig Orth mit schwarzem Marmblstain, vnd weissem Pildwerch zueberaiten, auch ainen Pogen in der Kirchmauern fueern vnd machen lassen, wie solches alles augenscheinlich zusehen ist, so schaffen vnnd wellen wir, das vnnder vnd in demselben Pogen, vnden in der Erd, so weit in die Kirchmauer gebrochen, vnd es allso gericht werde, das der Sarch mit vnserm Todten Cörpl, in der Mauern, souil sein kan, doch dergestalt dargestelt werden müge, das derselbig Sarch mit allen Orthen, vnd lallenthalben in vnd vnnder der Erden lige, vnd mit derselben vmbgeben vnd bedeckht seye." Der Erzherzog verlangt in diesem Codicill ferner, daß sein Leibharnisch sammt dem Helm und dem Schwerte neben seinem Grabe angebracht, „auch ain Fanen, von der Maur in die Capelln hangend, aufgesteckht werde, wie wir dann solches alles verordnet haben, vnd vnser Rath vnd Camer Secretary Jacob Schrenckh von Nozing hierinnen Bericht geben wirdet kuenden." *)

Nach dieser letztwilligen Verfügung des Erzherzogs war zu dieser Zeit sein Grabmal in der Hauptsache schon angefertigt, die Bogennische in die Kirchenmauer gesprengt, mit schwarzem Marmor belegt und das „weisse" d. h. marmorne „Bildwerk" hergestellt, „wie solches alles augenscheinlich zu sehen" war.

Die mit einem Rundbogen abschließende Nische hat eine Tiefe von 5' 5½", eine Breite von 9' 2" und eine Höhe von 12½'. Wand- und

---
*) Primisser, Denkmäler u. S. 69.

Seitenflächen sind ganz mit polirtem schwarzem Marmor bedeckt, am Rande jedoch mit Borduren von weißem Marmor eingefaßt, in welche eine fortlaufende Perlenschnur von schwarzem Marmor eingelegt ist. Das 6' 4" große, aus einem tadellosen Stück Ratschingeser Marmor gemeißelte Bildniß des Erzherzogs liegt auf einer nur 8" über den Fußboden der Kapelle ragenden Estrade. Zunächst um ihn herum sind in dieselbe 26, in farbiger Marmor-Mosaik meisterhaft ausgeführte Wappen der österreichischen Erbkönigreiche und Länder eingelegt,*) an den drei Wänden der Nische aber sind zu unterst die marmornen Reliefbilder, welche die vornehmsten Erlebnisse des Verstorbenen bildlich verewigen, angebracht. Ueber den zwei Reliefbildern der mittleren Wandfläche prangt das in leuchtenden Farben ausgeführte Marmormosaik des großen Wappens des Erzherzogs und darüber auf halber Höhe der Nische stehen auf einfach gegliederten Gesimsen die 2' hohen Statuetten St. Leopold, St. Franziskus und St. Georg, an der linken Seitenfläche St. Jacob und an der rechten, welcher das Bildniß des Erzherzogs zugekehrt ist, Christus am Kreuze mit Maria und Johannes.

Das ganze Grabmal macht sowohl durch das Material, aus dem es angefertigt worden ist, als durch die Anordnung des Einzelnen einen äußerst vornehmen Eindruck. Der Verstorbene selbst erscheint in portraitähnlicher Gestalt auf kalte aber kostbare Fliesen gebettet; nur dem schlummernden Haupte ist ein Kissen untergelegt. Ueber der Kriegsrüstung trägt der Erzherzog den Fürstenmantel, welcher, um den eingelegten Wappen ihren Platz nicht zu beeinträchtigen, an den Seiten fast linear abgegrenzt wurde. Den Hermelinkragen ziert das goldene Vließ. Der Mantel muß hier die Decke ersetzen, auf welche Colin sonst die abgebildeten Persönlichkeiten zu betten pflegt. Das Haupt des mit ein wenig geöffnetem Munde und gefalteten Händen schlummernden Erzherzogs wird vom Fürstenhut bedeckt. Der zur Rüstung gehörige, mit Federn gezierte Helm liegt zu seinen Füßen. Die ganze Adjustirung ist vorschriftsmäßig gehalten; die steife, starre Rüstung, wie alles Detail am Grabmal auf das sorgfältigste

---

*) Die Wappenschilde sind in folgender Ordnung angebracht. Zu Häupten des Erzherzogs: Alt- und Neuösterreich und Böhmen; rechtseitig: Ungarn, Burgund, Steiermark, Krain, Schwaben, Burgau, Tirol (Adler ohne Kranz), Kyburg, Elsaß, Portenau; linksseitig Castilien, Brabant, Kärnten, Würtemberg, Land ob der Enns, Habsburg, Pfirt, Görz, Slavonien, Friesland; zu Füßen: Nellenburg, Cilly und Hohenberg. Zu den in den heraldischen Farben ausgeführten Wappen wurde polirter Marmor entsprechender Farbe, für Blau lapis Lazuli verwendet.

ausgeführt. Die vier, aus Marmor von Ratschings angefertigten Reliefbilder, welche gleich hinter dem Bildnisse des Erzherzogs die drei Wände der Nische zieren, stellen vor:

1) Die Schlacht bei Mühlberg (1546), an welcher Erzherzog Ferdinand mit seinem Vater siegreich theilgenommen. Links im Vordergrunde erblickt man Kaiser Karl V. und König Ferdinand zu Pferd, vor ihnen kniet der gefangene Churfürst Johann Friedrich von Sachsen, die Gnade des Siegers erflehend, hinter diesem das sächsische Gefolge. Die übrige Fläche des Bildes füllen Reitergruppen und Fußvolk. Im Hintergrunde erblickt man in waldiger Gegend die Stadt Mühlberg.

2) Erzherzog Ferdinand wird von König Ferdinand mit der Statthalterschaft von Böhmen betraut (1548). Der Act ist in einen großen Saal verlegt, dessen Decke von zwei Säulen getragen wird. Vor dem Throne, an dessen Stufe der Erzherzog kniend mit der ihm zugedachten Würde von seinem Vater betraut wird, stehen in weitgedehntem Kreise die Großen des Reiches.

3) Episode aus dem Feldzug des Erzherzogs gegen die Türken (556, nämlich die Erstürmung einer Festung, wahrscheinlich Korothna.

4) Eine Episode aus dem Feldzug des Erzherzogs gegen die Türken 1566. Ein gefangener türkischer Commandant, wahrscheinlich der Bey von Stuhlweissenburg, erfleht kniend die Gnade des Erzherzogs, dessen Physiognomie aus jüngerer Zeit Alexander Colin mit bewundernswerther Feinheit und Sicherheit in dem kleinen Stückchen Marmor wiederzugeben verstanden hat.

Die Reliefs an den Seitenwänden der Nische haben eine Breite von 72 cm, die zwei an der Hauptwand angebrachten aber eine Breite von 118 cm. Die Höhe ist bei allen vier Reliefs dieselbe, nämlich 77 cm. Sie tragen völlig den Charakter der Reliefbilder am Grabmale Maximilians, sind von gleicher Auffassung und bis ins Detail sorgfältig behandelt. Ueber jedem Reliefbilde steht eine weitläufige Inschrift in lateinischer Sprache, welche jedoch sehr allgemein gehalten ist.

Ob das ganze Grabmal, also auch das aus farbigen Steinen hergestellte Wappenmosaik von Colins Hand angefertigt worden ist, möchte ich bezweifeln, obwohl Colin seine bewundernswerthe technische Fertigkeit nach so vielen Richtungen bethätigt hat. Die Wappen sind wahrscheinlich italienische (Florentiner-) Arbeit. Von Colin ist jedenfalls der ganze sonstige figurale und ornamentale Theil des Denkmals, nämlich die Figur des Erzherzogs, die vier großen Reliefbilder, die Statuetten der vier Heiligen, die

Kreuzigungsgruppe und die sonstigen Ornamente in Marmor. Die in dem weißen Marmor schwarz schraffirte Ornamentik, welche an der vorderen Seite der Estrade des erzherzoglichen Grabmals angebracht ist, finden wir in dieser Art hierorts zum erstenmale in Anwendung gebracht auf der großen Grabsteinplatte, welche die Söhne des erzherzoglichen Architecten Giovanni Luchese ihrem im Jahre 1581 verstorbenen Vater gesetzt haben. Darauf sind nicht bloß die Ornamente, sondern auch Figuren und Landschaft in dieser Manier ausgeführt.*) Der für das Bildniß des Erzherzogs, die Reliefbilder und Heiligenstatuetten verwendete Marmor wurde wie jener zum Grabmale der Philippine Welser im Thale Ratschings bei Sterzing gebrochen. Wie man gerade am Grabmale des Erzherzogs bemerken kann, eignet er sich zwar weniger als der carrarische für Reliefs in kleinem Maßstabe, wohl aber besonders zu größeren Figuren, welche durch seinen weichen warmen Ton außerordentlich gewinnen. Die Provenienz des schwarzen Marmors ist unbekannt. Nach der Größe der hier in Anwendung gekommenen Platten zu schließen, stammt er eher aus Belgien als aus der Trientner Gegend, in welcher selbst die kleinen, für das Grabmal Kaiser Maximilians nothwendigen Stücke nur mit Mühe gewonnen werden konnten.

Der letztwilligen Anordnung des Erzherzogs Ferdinand zu Folge ist neben seinem Grabmale auch seine Leibrüstung angebracht worden. Das dazu gehörige Schwert ist leider abhanden gekommen. Zur Anfertigung und Aussteckung einer Fahne soll es nie gekommen sein, dagegen prangt an der Mauer links neben dem Grabmal der in Holz geschnitzte prachtvolle Todtenschild des Erzherzogs.

---

*) Diese Grabsteinplatte, auf welcher auch der Architekt selbst und dessen Gattin in dieser Manier abgebildet zu sehen sind, bewahrt seit Auflassung des alten Innsbrucker Friedhofes das Landes-Museum.

XII.
Arbeiten für die Kirche in Seefeld (1581).
Zeichnungen für Kleinkünstler.
Vgl. Tafel XVI.

Alexander Colin hatte die beiden Grabmale für Frau von Loxan und Philippine Welser noch nicht vollendet, als ihm außer zwei für die Barfüßer in Innsbruck bestimmten, nicht näher bezeichneten Bildern auch verschiedene Arbeiten für die alte, von Tiroler Landesfürsten erbaute und in Stand gehaltene Kirche in Seefeld aufgetragen wurden. Erzherzog Ferdinand interessirte sich ebenfalls für dieses Gotteshaus, in welchem er eine „neue Capelle" herstellen ließ.*) Im Jahre 1583 machte er dahin zu Fuß eine Wallfahrt und da bei dieser Gelegenheit 2000 Menschen aller Stände daselbst zusammengeströmt sind, scheint dort ein besonderes kirchliches Fest stattgefunden zu haben, welches die Veranlassung der Bestellung verschiedener neuer kirchlicher Einrichtungsgegenstände gewesen ist. Statt des alten, theilweise zerbrochenen Hochaltars mit dem „Gmäl" der „Milserischen Gschicht"**) sollte Colin einen andern Altar herstellen, ferner ein Sacramentshäuschen von Marmor, zwei marmorne Opferstöcke, eine architektonische Holzverkleidung des eisernen Tabernakels und zwei „Wandelstangen." Zu allen diesen Gegenständen, mit Ausnahme der „Wandelstangen", die Colin durch zwei Luster ersetzt wissen wollte, machte 1581 der Meister Zeichnungen, welche er der Regierung vorlegte und die noch heute den betreffenden Acten beiliegen. Die bedeutendsten Stücke sind der Altar und die Luster, daher wir auch dieselben etwas näher beschreiben wollen.

---

*) Ueber den Bau der Kirche von Seefeld vgl. Jahrbuch der kunsth. Sammlungen des a. h. Kaiserhauses Bd. I. 186.

**) Diese Geschichte besagt, daß ein übermüthiger Ritter, Oswald Milser, vom Pfarrer verlangt habe, daß ihm das Abendmahl nicht wie gewöhnlich mit der kleinen, sondern mit der großen Hostie, wie sie der Priester empfange, gereicht werde; beim Empfange derselben sei aber der Boden unter dem hochmüthigen Manne gewichen, worauf der erschreckte Priester demselben die Hostie wieder aus dem Munde genommen habe. Das „Gmäl" der „Milserischen Gschicht" dürfte in dem in der Kirche noch vorfindlichen, diesen Stoff behandelnden Bilde sich erhalten haben.

Bezüglich des Altars war dem Meister die Aufgabe gestellt: es soll derselbe „vornen und zurugg (vorne und zurück) gleich und durchsichtig, auch zierlich und sauber gemacht werden."

Colin löste diese Aufgabe in der einfachsten Weise, indem er als Leitmotiv eine Portalanlage mit verhältnißmäßig einfacher, aber nichts destoweniger reichen Gliederung wählte. Die vorliegende Zeichnung zu dem Altar ist eine perspectivische Skizze, wie sie zum leichten Verständniß für den Laien noch heute von den Meistern in ähnlicher Weise entworfen wird, eine Federzeichnung, welche mit Ausnahme weniger Striche mit freier Hand angefertigt und mit Tusche leicht schattirt wurde. Nur in den tiefsten Schatten sind ein paar kräftige Federstriche mehr angebracht.

Der Gesammtaufbau des Altars ist ein äußerst glücklicher. Zwei schlanke Pilaster tragen einen reich cassetirten Bogen, dessen Archivolte durch ein Bandornament belebt ist. Rechts und links an der Außenseite der Pilaster ist ein reiches Consolensystem angeordnet, welches sich rechtwinkelig verschneidet und je einer jonischen Dreiviertelsäule zum Stützpunkte dient. Die Consolen haben eine entsprechend starke Ausladung, deren Anlauf mit einem vorgelegten plastischen Engelsköpfchen geziert ist.

Die Säulen sind cannellirt, haben einfache jonische Capitäle und darüber ein vollständiges Gesimse, welches den Bogen in halber Höhe berührt. Der weitere Aufbau ist ein sehr zierlicher. Zwei langgezogene Voluten, aus deren Auge ein Rankenornament sich entwickelt, bilden die Stütze eines weiteren kleineren Gesimses, welches von einem gebrochenen Giebel bekrönt wird. Den Abschluß bildet ein am Scheitel des Giebels freistehender, den österreichischen Bindenschild umschließender Lorbeerkranz. Auf den Voluten selbst ruhen zwei kleine Sockel, die je einem Leuchter zur Stütze dienen. So ist der Altar nach oben in vollendeter Weise abgeschlossen und die Aufgabe in glücklichster Weise gelöst.

Den figuralen Theil dieses Altars berücksichtigt Colin nicht in zweiter Linie. Zwei reich drapirte Engelsfiguren, welche eine Monstranze halten, die zur Aufnahme der dem Ritter Milser gereichten und wieder abgenommenen Hostie bestimmt ist, füllen den Bogen und knien in freier Bewegung auf einem volutenförmigen Unterbau, welcher mit der Mensa des Altars durch zwei langgestreckte Consolen sich verbindet.

Trotz der Flüchtigkeit der Skizze ist auch der Entwurf der Monstranze von Interesse. Das Gerippe derselben ist noch gothisch, der Fuß jedoch schon im Style der Renaissance ausgeführt und an demselben das von den

Goldschmieden des 16. Jahrhunderts mit Vorliebe benützte Ananasmotiv angewendet.

Den Glanzpunkt des Altars bilden die Figuren des Priesters und des Ritters, welche die „Milserische Geschichte" repräsentiren. So skizzenhaft auch diese Figuren gezeichnet sind, erkennt man doch aus jedem Striche den Meister. Die Handlung offenbart sich in der Bewegung der dargestellten Persönlichkeiten. Der Ausdruck der Köpfe ist mit den einfachsten Mitteln wirkungsvoll gegeben. Die Gewandung des Priesters und noch mehr die des Ritters ist mit wenigen Strichen klar und deutlich ausgesprochen. Das Costüm selbst entnahm Colin seiner Zeit.

Wenn Bildhauer, wie man in Künstlerkreisen versichert, stets schlechte Zeichner sind, und die Entwürfe derselben, so lange sie nicht über das Papier hinaus gekommen sind, immer etwas Steifes an sich tragen, so macht Colin hierin eine Ausnahme. Er ist nicht nur Meister in der Plastik, sondern auch ein vortrefflicher Zeichner, der das figurale Element mit größter Sicherheit behandelt.

Von einer neuen Seite lernen wir den Meister in seinem Entwurfe zu den für die Kirche in Seefeld bestimmten Lustern kennen. Hierin bewährt sich Colin als vollendeten Meister der Kleinkunst. Seine künstlerische Handschrift findet sich in diesem Entwurfe mit überzeugender Wahrheit ausgesprochen; die Sicherheit des Striches, die Gewandtheit in der Behandlung des Acanthus verrathen einen geübten Zeichner kunstgewerblicher Objecte und da Colin, wie wir an anderer Stelle näher erwähnen werden, urkundlich auch für Goldschmiede gearbeitet hat, so unterliegt es keinem Zweifel, daß er auf die Kleinkunst großen Einfluß genommen hat und daher seine Bedeutung auch in dieser Richtung hoch angeschlagen werden muß.

Der Aufbau der für die Kirche in Seefeld bestimmten zwei Luster trägt den deutschen Charakter. An einem reich profilirten Hauptstabe hängt die schwere, massige Kugel, die den Seitentheilen sowohl zum Ausgang als zur Stütze dient. Die fünf, mit je zwei Engelsköpfen geschmückten Arme des Lusters*) bestehen aus reichen Acanthusranken, deren einzelne Blätter sehr charakteristisch behandelt sind. Colin faßt nämlich den Acanthus sehr nahe an der Wurzel durch tiefe, kräftig eingeschnittene Augen

---

*) In der Zeichnung erscheinen nur zwei solche Arme. Am Rande der Zeichnung bemerkt aber Colin: „Diser Leichter-Schenkl mit zweyen Enge'sangesichten und Flügln muessen 5 umb den Leichter sein, fleißig, sichtig und sauber geschnitten werden."

zusammen und läßt von dieser Wurzel aus das weitere Blattgefüge rankenartig sich entwickeln. Hier weicht Colin von den italienischen Meistern ab, in diesem Entwurf ist er ganz deutsch. Die Abspitzungen der Acanthusblätter sind lanzettförmig, nur dort wo dieselben eingerollt sind, findet sich ein mehr der runden Form sich nähernder Schnitt, eine Erscheinung, die wir ausschließlich an deutschen Arbeiten finden.

Ueber die Größe und Schwere des Lusters bemerkt Colin: „Diser Leichter ist 2 Werkschuech 4½ Zoll hoch, wann er aber zu hoch, möcht er umb ain halben Schuech mer oder weniger abkürzt werden und umb souil dest weniger wurd auch der Leichter wegen, aber sonst nach diser Visir wurd ain Leichter unter ain Centner nit wegen."

Die Kette betreffend bemerkt er: „Die messing Ketten mueß sauber und stark gemacht werden und ob dem Leichter zwen Werkschuech hoch sein und zusammen geen, damit das Licht unverhindert brynnen kan."

Ueber die Ausführung dieser bei Colin bestellten Arbeiten liegt keinerlei Nachricht vor. In der Kirche zu Seefeld ist meines Wissens von diesen Colin'schen Arbeiten nichts mehr zu sehen. Jedenfalls bleibt es fraglich, ob die beiden Luster ausgeführt worden sind, da Colin am Rande des Entwurfs bemerkt: „Es stet bey der fürstl. Durchlaucht meines gnedigisten Herrn Willen und Gfallen, ob diese Nebenleichter*) auch gemacht werden sollen oder nit."

Vielleicht erbarmt sich die Neuzeit dieser schönen Arbeit und schmückt mit dem ausgeführten Kronleuchter Colins einen Saal des Otto-Heinrichs-Baues zur ewigen Gedächtniß des Meisters, welcher dereinst diesen Prachtbau geführt hat.

---

*) Die beiden Luster oder Lenchter waren bestimmt, rechts und links vor dem Altar angebracht zu werden, daher die Bezeichnung „Nebenleichter."

XIII.
Das Grabmal der Freifrau Benigna von Wolfenstein in Meran.

Vgl. Tafel XII., 2.

Die Südseite der Pfarrkirche in Meran schmückt ein in Erz gegossenes Grabmal aus dem sechszehnten Jahrhundert, welches durch seine feine Zeichnung und Modellirung wie durch seinen gelungenen Guß jedem Kunstverständigen auffällt. Dasselbe wurde errichtet für die am 14. März 1586 verstorbene Benigna Freiin von Wolkenstein, geborne von Annenberg, Wittwe Wilhelms von Wolkenstein, und derselben Tochter Euphrosine, welche wenige Tage nach dem Tode ihrer Mutter das Zeitliche segnete. Wilhelm von Wolkenstein war landesfürstlicher Rath, Landeshauptmann an der Etsch und Burggraf von Tirol.

Das 123 cm hohe und 74 cm breite Denkmal zeigt eine verhältnißmäßig strenge architektonische Gliederung. Das fast quadratische Mittelfeld wird von zwei jonischen Pilastern flankirt, die ein sehr einfach gegliedertes Gesimse tragen. Ein ungeschmückter Architrav, der von einer Hängeplatte überragt wird, schließt das Mittelfeld. Den unten als Trägern des Grabmals angebrachten Consolen, zwischen welchen die Schrifttafel eingelassen ist, entspricht oben eine Bekrönung, die ihrerseits aus zwei streng von einander getrennten Theilen besteht, nämlich aus dem Giebel und dem Untersatz.

Im Giebelfeld ist ein Engelsköpfchen angebracht, welches vollkommen en face gestellt ist und mit den Flügeln den Raum des Feldes nach Möglichkeit ausfüllt; im Untersatz erscheint die Gestalt Gott Vaters in den Wolken.

Alle Vorzüge der Colin'schen Arbeit trägt die Gruppe des Mittelfeldes; die Figur des Erlösers ist in der Anatomie vollendet, die Neigung des Kopfes mit überzeugender Wahrheit gegeben. Die beiden Gewandfiguren der Jungfrau Maria und des hl. Johannes sind voll edlen Flusses in den Linien, insbesondere erscheinen die Hände der letztgenannten Figur mit Meisterschaft behandelt.

Rechts und links von der Bekrönung des Monuments sind zwei Kindergestalten angebracht, welche in der einen Hand einen Wappenschild, in der anderen die umgestürzte Fackel halten und auf das glücklichste den Raum ausfüllen, der rechts und links vom Giebel frei ist. Die von den beiden Engeln gehaltenen Schilde zeigen die Wappen der Familien Wolkenstein und Annenberg. An rein ornamentalem Schmucke ist dieses Denkmal arm. Wie bei allen Colin'schen Arbeiten dominirt das Figurale. Wenn auch die Architektur stets mit großem Fleiße und feinem Verständniß behandelt erscheint, so ist der ornamentale Schmuck, mit welchem geringere Meister die Schwächen ihrer Arbeit zu decken suchen, in der Regel sehr untergeordnet oder aber ganz bei Seite gelassen.

An dem vorliegenden Denkmal ist nur das zurücktretende Profil des Hauptfeldes mit einer Blattwelle geschmückt, und die Träger in einfachster Weise durch vertiefte Pfeifen mit daruntergestellten erhabenen Knöpfen belebt; das Flugband, welches unterhalb der Schrifttafeln den Raum ausfüllen soll, ist in entsprechend flotter Weise behandelt.

Das ganze Grabmal trägt unverkennbar den Charakter Colin'scher Arbeit, es fehlt aber auch nicht an auffälligen Analogien mit anderen Werken dieses Meisters, so namentlich mit dem Löffler'schen Grabmale. Vor Allem ist es die Figur Gott Vaters, mit welcher hier wie am Löffler'schen Grabmale das Giebelfeld ausgefüllt erscheint. Nicht nur, daß die Haltung des Kopfes, die Stellung der Arme und der Hände und die Verkürzungen genau dieselben sind, wie an der Figur Gott Vaters am Löffler'schen Grabmale, diese Gleichartigkeit erstreckt sich auch auf die Gewandung, an welcher man Falte für Falte gleich behandelt sieht. Die unbedeutenden Verschiedenheiten sind lediglich auf die etwas verschiedene Zeichenfläche, welche bei diesem Grabmal ein Trapez, bei dem anderen ein Dreieck ist, zurückzuführen. Die Behandlung des Christuskörpers erinnert ebenfalls in vielen Stücken an das früher besprochene Grabmal, insbesondere ist die bewegte, scharf ausgesprochene Neigung des Hauptes auf beiden Denkmalen analog. Auch der Rahmen, der das vertiefte Mittelfeld hier allerdings nur auf den beiden Längseiten umgibt, ist in gleicher Weise profilirt und mit einer Blattwelle geschmückt.

Als der Meister, welcher dies vortreffliche Werk in Erz gegossen hat, kann mit Bestimmtheit Hans Christof Löffler bezeichnet werden, außer dessen Gießerei hierlands keine zweite Kunstgießerei in jener Zeit bestanden hat.

XIV.
Das Grabmal des Hans Fugger in Augsburg.

Hans Fugger, welcher 1598 starb, scheint schon frühzeitig auf seine Verewigung durch die Hand des Künstlers bedacht gewesen zu sein. Dahin läßt sich wenigstens ein vom Jahre 1580 datirter Auftrag der Regierung von Innsbruck an den Landrichter von Sterzing, Christof Gröbner, deuten, nach welchem dieser angewiesen wird, die Ueberführung von Marmor, für Herrn Fugger zu Augsburg bestimmt, zu veranlassen, sobald er von dem Bildhauer Alexander Colin eine Weisung erhalten würde. Dieser Bedarf von Marmor für Herrn Fugger von Augsburg stellte sich 1584 ein, in welchem Jahre derselbe mit Colin in nähere Verhandlung in Betreff der Ausführung seines Grabmals getreten ist. Hiezu wurde jedoch von Colin nicht der von ihm zuerst dem Herrn Fugger empfohlene Marmor von Ratschings, sondern jener von Obernberg verwendet. Seine Ansicht über die Qualität der beiden Marmorgattungen hatte sich inzwischen geändert. Ueber den Marmor von Obernberg äußerte er sich dem Fugger'schen Unterhändler gegenüber, es sei derselbe zwar „subtiler und noch hörter" als jener von Ratschings, habe aber sonst allerlei Fehler, nämlich „kleine rothe Adern, Gallen, Mail und Flecken." Der Marmorbruch in Obernberg, welcher, wie schon einmal erwähnt, nach Angabe Abraham Colins von dessen Vater Alexander Colin aufgedeckt wurde, lieferte qualitativ sehr ungleiche Stücke. Für Fuggers Grabmal hatte Colin jedoch ein fast 10 Schuh großes Stück „also schön und on Mangel" gewinnen können.

Das Grabmal des Hans Fugger besteht, wie R. Vischer in seinem hier fast ausschließlich benützten Aufsatze über dasselbe (Jahrbuch der k. preußischen Kunstsammlungen VIII. 208 f.) berichtet, aus einem Sartophag von rothem Salzburger Marmor und der darauf gebetteten, aus weißem Marmor gemeißelten Gestalt des Herrn Fugger. „Dieser liegt, im Harnisch, friedlich schlummernd auf einem reich gestickten Teppich, welcher unter dem Kopfe gerollt ist. Das fein gebildete, vornehme Antlitz des Verewigten ist leicht zur Seite gewendet. Die linke Hand ruht auf den Panzerhandschuhen. Die Rechte ist zart auf die Hüfte gelegt." Das Fugger'sche Grabmal ist jedoch nur theilweise das Werk Colins. Zur

Ausführung desselben erhielt nämlich Colin von Fugger ein kleines, in Wachs bossirtes Modell, welches dieser von dem in bayerischem Hofdienste stehenden niederländischen Bildhauer Hubert Gerhard hatte anfertigen lassen. Ueberdies sollte Colin nach Auftrag Fugger's „das Angesicht nicht ausbereiten, sondern allein rauh possiren, dann der Meister, so den Patron gemacht, der wird mich seiner Zeit heraußen conterfetten und also das angesicht vollend ausbereiten." Weiter gab Fugger dem Colin den Auftrag, er möge zu Füßen seines Bildnisses und zwar auf der rechten Seite einen Helm, auf der linken Seite aber ein Paar Blechhandschuhe, dem Küriß gleich „darauf hauen." Der Helm soll, „dieweil es ein Grabstein soll werden und Klag bedeuten", nicht mit Federn geziert werden. Das Grabmal, früher in der Schloßkirche zu Kirchheim, wohin es 1586 abgeliefert worden ist, steht jetzt in der Ulrichskirche zu Augsburg. R. Vischer fällt darüber folgendes, sicher zutreffende Urtheil: „Man kann vielleicht sagen, daß keine außerordentliche Kunst in dieser einfachen Grabstätte enthalten, daß darin ein gewisses Mittelmaß nicht überschritten sei; aber die schlichte Anordnung, die technische Sorgfalt und der weihevolle Geist des Ganzen vereinigen sich zu einer reinen, wahrhaft monumentalen Wirkung. Kein Grabmal deutscher Renaissance giebt wohl so sehr den Eindruck edler Einfachheit und Ruhe."*)

---

*) Das Grabmal ist, wie R. Vischer berichtet, durch ein reiches, geschmiedetes Rundeisengitter von kunstvoller Arbeit umgeben und es findet sich am Thürschlosse desselben das Monogramm des Meisters H. M. mit der Jahreszahl 1588 angebracht. Diese zwei Buchstaben halte ich für das Monogramm des in jener Zeit weithin bekannten Schlossers Hans Metzger von Augsburg, welcher 1585 Arbeiten für das bischöfliche Schloß Velthurns in Tirol geliefert hat. (Das Schloß Velthurns, Mittheilungen der k. k. Centr.-Commiss. 1885) und mit welchem auch Verhandlungen in Betreff der Anfertigung des Gitters zum Grabmale Kaiser Maximilians in Innsbruck gepflogen worden sind, die jedoch schließlich dem Schlosser und Büchsenmeister Georg Schmidhammer in Prag übertragen wurde. Hans Metzger war damals (1563) Bürger und Schlosser in München. Oder sollte es zwei Meister dieses Namens, vielleicht Vater und Sohn, gegeben haben? Der genannte Schmidhammer verfertigte übrigens das prachtvolle Gitter zum Grabmale Kaiser Maximilians I. nicht nach eigener Zeichnung, sondern nach der Zeichnung eines Malers, was wohl auch bei dem Gitter am Grabmale Fuggers der Fall gewesen sein dürfte.

XV.
Das Grabmal Alexander Colins im Friedhofe zu Innsbruck.

Vgl. Tafel XVII.

Alexander Colin wurde im alten, seit 1856 aufgelassenen Friedhofe zu Innsbruck an der Seite seiner 1594 verstorbenen Gattin begraben. Das auf den jetzigen Friedhof übertragene und in der nordöstlichen Ecke desselben aufgerichtete Denkmal wurde, wie man sich beim ersten Blicke auf dasselbe überzeugt, von Alexander Colin selbst, wahrscheinlich schon bald nach dem Tode seiner Gattin angefertigt. Composition und Behandlung des ganzen figuralen Theiles des Grabmals und die äußerst sorgfältige technische Durchführung weisen unverkennbar auf die Meisterhand Colins. Außer ihm war zu dieser Zeit auch kein Bildhauer von der Bedeutung des Meisters dieses Denkmals in Innsbruck. Das mit vier Reliefbildern und den Wappen der Familien Colin und Flieschauer ausgestattete Grabmal ist uns leider nicht in seiner ursprünglichen Form erhalten geblieben. Vor seiner Uebertragung aus dem alten Friedhofe in den neuen wurde die Architektur desselben abgeändert, der Unterbau beseitigt und die daran angebrachten Inschriften, vielfach verstümmelt, auf die neue Zusammenstellung übertragen. Von dem ursprünglichen Grabmale besitzt glücklicher Weise das Innsbrucker Museum eine Abbildung, aus welcher seine alte Form noch genau zu erkennen ist. Nach dieser Abbildung war das Monument für directen Anschluß an die Friedhofmauer concipirt. Der Haupttheil des einfachen, aber mit Verständniß gegliederten Baues tritt aus der Fläche risalitartig vor und ist mit einem Giebel geschmückt. Das Giebelfeld füllt die von Colin öfters verwendete Figur Gott Vaters aus, während die Giebelschenkel mit zwei Engeln, welche gegen die Mitte sich neigend an deren Enden sitzen, geschmückt sind. Die Seitentheile tragen am Sockel, welcher nahezu die halbe Größe des Gesammtbaues hat, Inschrifttafeln. Die Abänderung oder „Vereinfachung" des Grabmals ist um so mehr zu bedauern, als es in seiner reducirten Größe für das ihm zugewiesene hohe und breite Arkadenfeld zu klein ist und deßhalb für den Beschauer viel zu hoch gestellt werden mußte. Die Figur Gott Vaters und die einst den Giebel schmückenden Putten*) finden sich an dem neu aufgestellten Grabmale nicht mehr. Unter dem Bildnisse Gott Vaters standen die Worte: „Der Vater liebt den Sohn." Ioan. III. 35. Der ursprünglichen Gestalt des Grabmals entspricht gegenwärtig nur noch der mittlere Theil. In den Risalit und in die zurücktretenden Seitentheile sind drei Reliefs eingelassen.

Das mittlere, 70 cm hohe und 61 cm breite Relief stellt die Auferweckung des Lazarus vor. An Christus, welcher in der Mitte des Bildes steht und bei dessen Darstellung Colin mit Bezug auf das dargestellte Wunder die Worte der Schrift: „Vater, ich danke dir, daß du mich erhört hast" im Auge gehabt zu haben scheint, schließen sich rechts und links zwei figurenreiche Gruppen von Männern und Frauen an, in denen der ganze Ernst des eben vollzogenen Wunders ausgeprägt erscheint. Zu Lazarus, der sich mühsam aus dem Grabe erhebt, beugt sich ein Mann, der ihm helfend unter die Arme greift. Im Hintergrunde des Bildes erblickt man eine von Bergen abgeschlossene Landschaft mit tief zurückgehender Perspective und die Stadt Jerusalem. Unter dem Relief steht die Stelle aus dem von Colin so oft citirten Evangelium Johannis: „Wahrlich, wahrlich sage ich euch, es kommt die Stunde ꝛc. Ioan. c. XXV. Die Behandlung des ganzen figuralen Theiles ist die bei Colin herkömmliche, die technische Durchführung sehr sorgfältig. Künstlerisch werthvoller noch als die Figuren des Hauptbildes sind aber die ebenfalls in Relief dargestellten zwei allegorischen Figuren, der Glaube und die Liebe, welche die Seitentheile schmücken. In ihnen vereinen sich alle Vorzüge des Meisters. Namentlich ist die letztere Figur von großer Schönheit.

Die Darstellungen aller drei, in einer Flucht gelegenen Reliefs zeigen sämmtlich den idealen Zug, welcher alle Colin'schen Werke charakterisirt. Um so größer erscheint dagegen der Contrast, welchen die in der Predella dieses Grabaltars angebrachte Figur hiezu bildet. Nach sehr alter Sitte, auf Grabsteinen durch die Figur eines verwesenden, von Gewürm zerfressenen Leichnams dem Menschen seine Vergänglichkeit vor Augen zu stellen, hat auch Colin auf seinem Grabsteine diese Mahnung an den Tod, wenn auch in weniger drastischer Darstellung uns nicht ersparen wollen. Hier hat der Meister den todten, nackten Körper eines bis nahe zum Skelett abgemagerten Mannes abgebildet. Die mit größter anatomischer Genauigkeit und Sorgfalt ausgeführte Figur liegt auf einem in feine Falten geworfenen

---

*) Der „zwei sehr schön gearbeiteten Genien" erwähnt auch eine Beschreibung des Grabmals im Tiroler Almanach 1804 S. 221.

Leintuch, deſſen Enden theilweiſe den Kopf und die Lenden umhüllen, hin=
geſtreckt. Obwohl dieſe Figur für ſich ſelbſt deutlich genug ſpricht, ſetzte
Colin doch an den Sockel ſeines Grabmals noch die erläuternden Verſe:

„Alle, die ir fürüber geht,
Gedenkt, bit ich, wies mit uns ſteht,
Was ir ſeit, ſein geweſen wir,
Was wir ſein, wert auch werden ir.
Seht, die ir ſucht vil Freud anf Erden,
All müßt ir unſers gleichen werden,
Ein Todten-Cörpl, wie wir eben,
Villeicht noch heut den Griſt aufgeben."

Colin, welcher wohl ſelbſt dieſe Zeilen verfaßt hat, ſcheint alſo auch
Anlagen zum Reimſchmied gehabt zu haben.

Rechts und links von dem „Todten-Cörpl" erblickt man die in der ur=
ſprünglichen Form des Grabmals in den Unterbau verſetzten Wappen der
Familien Colin und Flieſchauer.*)

Für die Architektur des Grabmals verwendete Colin grauen polirten
Marmor, für die Reliefs Marmor aus Carrara.

Die auf Alexander Colin und ſeine Gattin bezüglichen Grabinſchriften
lauten in der urſprünglichen Faſſung, wie folgt:

„Hie ligt begraben der ernveſt und kunſtreich Alexander Colin von
Mecheln in Brabant, ſo in leben irer r. k. mt. Ferdinand und ihrer f. d.
erzherzog Ferdinanden zu Oeſterreich hochlobſeligiſter gedechtnuſſen diener
und bildhauer geweſt, ſo anno 1612 den 17 tag Auguſti in gott ent=
ſchlafen. Der allmechtig welle inne und ſeine 5 abgeſtorbne kinder gnedig
und am großen tag des herrn mit allen auserwelten ain frölicke urſtend
verleihen. Amen."

„Hie ligt begraben die erntugenthafte fraw Maria Colinin von Mecheln,
geborne Flieſchauerin, ſo den andern tag July anno 1594 in gott ſeligklich
verſchiden, der welle ier und allen chriſtglaubigen ſeelen eine frölicke auf=
erſtehung verleihen. Amen."

---

*) Im Colin'ſchen Wappen iſt das untere Feld des quergetheilten Schildes ſechs=
mal geſpalten. Das obere Feld weiſt zwei Berge, zwiſchen denſelben zwei nach rechts
und links ſteigende, unten ſich kreuzende Füllhörner mit einem in ihren Kreuzungs=
punkt geſtellten Merkurſtabe. Die zwei Berge oder Hügel (Colles) deuten wohl auf
den Geſchlechtsnamen Colin.

Im Flieſchauer'ſchen Wappen zeigt das rechte Feld des quartirten Schildes über
einem Querbalken zwei Eberköpfe, unter demſelben einen Eberkopf, das zweite Feld
einen rechts ſteigenden Fiſch, das dritte einen rechten Schrägbalken von einreihigen
Ranten, das vierte zwei Ringe übereinander.

XVI.
Das Grabmal des Bischofs Johannes Nas in der Hofkirche zu Innsbruck.

Das von Alexander Colin für den Bischof Johannes Nas verfertigte, in der Hofkirche zu Innsbruck befindliche Grabmal weicht in der Form von den anderen Denkmälern, welche aus der Werkstätte dieses Meisters hervorgingen, ganz ab. Es ist nämlich ein einfacher Gruftdeckel mit dem schwach reliefirten Bildnisse des verewigten Bischofs.

Johannes Nas wurde zu Eltmann in Franken geboren und hatte sich zuerst dem Schneiderhandwerk zugewendet, das er auch noch als Bischof in Ehren hielt, indem er dessen Zunftzeichen, die Scheere, in seinem Wappen führte. Im Franziskanerkloster zu München, in das er als Laienbruder trat, und später in Ingolstadt bildete er sich mit bewundernswerthem Fleiße in den theologischen und philosophischen Wissenschaften aus und verband mit seinem Wissen große Beredsamkeit, sowie eine große Gewandtheit in den damals in derbster Form geführten Controversen. Nas wurde schließlich Weihbischof von Brixen, und Erzherzog Ferdinand berief ihn wiederholt als Prediger oder in sonstigen Angelegenheiten nach Innsbruck, wo er auch am 16. Mai 1590 starb.[*]) Sein fürstlicher Gönner ließ dem von ihm hochgeachteten Manne ein Denkmal setzen, dessen Ausführung er seinem Hofbildhauer übertrug.

Die irdischen Reste des Bischofs wurden zuerst in dem an die Hofkirche anstoßenden Capitelhause der Franziskaner beigesetzt, nach der Aufhebung des Klosters (1786) aber sammt dem Grabstein in den an die Kirche der Jesuiten anstoßenden Gang übertragen. Der Grabstein blieb hier bis 1842, in welchem Jahre er in der Hofkirche einen Platz angewiesen erhielt und neben dem linken Seitenaltare in den Fußboden eingelassen wurde. Daß er auch ursprünglich für die horizontale Lage bestimmt war und lediglich den Deckel zur Gruft bilden sollte, beweist der Umstand, daß keine einzige Unterschneidung am ganzen Grabsteine zu finden und die darauf liegende Figur des Bischofs selbst auffallend schwach reliefirt ist.

---

*) Eine ausführliche Biographie des Bischofs Johannes Nas veröffentlichte Professor Joh. Bapt. Schöpf im Programm des k. k. Gymnasiums zu Bozen. 1860.

Der in Lebensgröße abgebildete Bischof ist mit dem bischöflichen Ornate bekleidet, das auf einem Kissen ruhende Haupt mit der Mitra bedeckt. Die Gewandung ist im Faltenwurf sehr einfach, fast zu streng durchgeführt. Die Linien laufen nahezu parallel nach abwärts und lassen nirgends die Körperformen durchblicken, was sonst die Arbeiten Colins charakterisirt. Die Textur der schweren Stoffe ist völlig glatt aus dem Marmor gearbeitet. Die mit den bischöflichen Handschuhen bekleideten Hände, unter welchen die Anatomie vollständig verloren geht, erheben sich nur wenig über den Körper.

Die künstlerische Eigenart des Meisters, welche er bei dieser Arbeit der Bestimmung des Objectes unterordnete, tritt dagegen an dem mit großer Sorgfalt und künstlerischem Geschicke behandelten Kopfe des Bischofs zu Tage. Die individuellen, charakteristischen Züge stellen es außer Zweifel, daß wir es hier mit einem Portrait zu thun haben, allerdings nicht mit dem Portrait eines Lebenden, sondern eines Todten, wie die eingesunkenen Augen und die vertieften Mundwinkel beweisen.

An den Füßen des Bischofs sehen wir eine im italienischen Stile behandelte, mit dem Wappen des Bischofs versehene Cartouche, deren obere Einrollung den Zweck hat, die Sohlen der Schuhe zu verdecken. Leider entging dem Meister dieser glückliche Gedanke bei Anfertigung des für Prag bestimmten kaiserlichen Grabmals, bei welchem der Beschauer den Anblick auf sechs, völlig gleichmäßig behandelte Schuhsohlen genießt. Beim Grabmal des Bischofs Nas hat Colin diesem Uebelstande geschickt aus dem Wege zu gehen gewußt, obwohl dieser hier nicht so störend gewesen wäre, wie beim Prager Monumente.

XVII.
Die Reliefs des Hohenhauser Grabmals im Museum zu Innsbruck.
Vgl. Tafel XIII., 2.

Ueber das Hohenhauser'sche Grabmal, von welchem zwei Reliefs das Museum in Innsbruck aufbewahrt, liegen keinerlei urkundliche Nachrichten vor, es wurde jedoch immer und in allen Werken über Innsbruck's Kunstschätze, namentlich von dem verläßlichen Forscher Alois Primisser, Custos des k. k. Münz- und Antikencabinets und der Ambraser-Sammlung als eine Arbeit Colins bezeichnet,*) was sie auch vermöge ihres ganzen Charakters ist. Das Denkmal wurde dem im Jahre 1600 verstorbenen Hofkammerrath und Pfleger von Greifenstein Ulrich Hohenhauser von und zu Thierburg und dessen Gattin Eva Karl, welche im gleichen Jahre starb,**) von deren Kindern errichtet und gehört zu den letzten Arbeiten Alexander Colins.

Das größere Relief, welches eine Breite von 66 cm und eine Höhe von 61 cm hat, stellt die Grablegung Christi vor und enthält trotz des beschränkten Raumes fünfzehn lebensvolle Figuren in gelungener Gruppirung. Die Landschaft selbst ist, der sonstigen Gewohnheit des Meisters entgegen, mehr nebensächlich behandelt. Der Horizont wird durch eine nur schwach angedeutete Hügelkette geschlossen. Rechts vom Beschauer erhebt sich der felsige Grabeshügel. Es ist, als ob der Meister in diesem Relief das Schwergewicht ausschließlich auf die Darstellung der Handlung gelegt habe, und wenn dies die Absicht Colins war, so hat er sie jedenfalls vollkommen erreicht.

In der Darstellung der Grablegung ist der Moment gegeben, in welchem der Leichnam des Erlösers in den Sarkophag gesenkt wird; es ist der letzte Augenblick, wo den Umstehenden noch einmal Gelegenheit geboten ist, den Heiland zu sehen. Die Schilderung des Schmerzes, welcher in den einzelnen Figuren ausgeprägt erscheint, ist eine ebenso wahre, als fein durchdachte. Von den Ausbrüchen der heftigsten Gemüthsbewegung bis zur vollen Größe des stummen Schmerzes sind alle Abstufungen in den Köpfen der Umstehenden zu lesen.

Eine Figur voll edler Einfachheit und Würde ist die Erscheinung des Nikodemus, der vom Beschauer rechts im Vordergrunde steht. Der Fluß der Falten des Gewandes, die Bewegung der Arme, die vollste Ruhe, welche inmitten der bewegten Scene diese Figur charakterisirt, zeigt uns das ganze technische wie künstlerische Können des Meisters. Einen glücklichen Contrast mit der Figur des Nikodemus und des in ruhigem Ernst mit der Grablegung selbst beschäftigten Josef von Arimathea bildet Maria Magdalena, welche mit dem höchsten Schmerze, der mit allen Mitteln zum Ausdrucke gebracht erscheint, am Fuße des Sarkophages hingesunken den Arm des Erlösers umfaßt. Wir finden jedoch in dem Ausdrucke des fast

---
*) Tiroler Bothe 1823 S. 255. Denkwürdigkeiten von Innsbruck 1813 S. 74.
**) Ihre Bildnisse, welche am Grabmale angebracht waren, sind, wie dessen ganze Umrahmung, nicht mehr vorhanden.

leidenschaftlichen Schmerzes nirgends eine Uebertreibung, nirgends ein Ueberschreiten der Grenze des Schönen zu Gunsten der Wahrheit. Die Leiche des Erlösers ist mit besonderer Sorgfalt behandelt, doch legte der Meister auf die künstlerische Behandlung der übrigen hier dargestellten Persönlichkeiten kein geringeres Gewicht; denn alle Figuren zeigen uns in Haltung und Ausdruck, wie Colin es verstanden hat, den ernsten, schmerzlichen Moment mit großer Wahrheit und Lebendigkeit darzustellen. Das der Zeit nach späte Werk des Meisters beweist, daß dessen Kunst von seinem Alter unbeeinflußt geblieben ist.

Das zweite, bedeutend kleinere Relief, 31 cm breit und 14 cm hoch, stellt die Auferstehung Christi vor und beschränkt sich auf die Darstellung des dem Grabe entsteigenden Heilandes und der Grabeswächter, deren Figuren selbst für den kleinen Maßstab nur sehr flüchtig ausgeführt sind. Die von Colin stets mit Vorliebe und seltener Meisterschaft behandelte Perspective, welche den Schöpfungen dieses Künstlers ein so charakteristisches Gepräge verleihen, fehlt diesem Relief ganz. Ebenso fehlt den Figuren jenes Leben und jene Bewegung, welche Colin sonst allen seinen Schöpfungen zu verleihen gewußt hat. Ist dies Relief eine Arbeit Colins, so ist es seine schwächste. Ursprünglich stand es über dem größeren und es wäre wünschenswerth, daß diese Aufstellung beibehalten würde, da jetzt das größere werthvolle Relief für den Beschauer zu hoch hängt, das kleinere aber ohne Schaden über demselben angebracht werden kann.

Das Material der beiden Reliefs ist weißer Marmor. Die Spuren einstiger Uebertünchung mit Kalk durch eine barbarische Hand sind noch erkennbar. Darauf dürfte auch der dunkle Ton des Marmors zurückzuführen sein.

XVIII.
Arbeiten in Holz, Stucco und Thon. Verschiedene andere Arbeiten.

Vgl. Tafel XVIII.

Soviel auch Alexander Colin in Marmor ausgeführt hat, ist dieses Material doch nicht das einzige, aus welchem er seine Kunstwerke geschaffen hat. Er war nicht bloß Bildhauer, sondern auch Bildschnitzer, zwei Handwerke, die in jener Zeit mit Rücksicht auf das verwendete Material und die von diesem verlangte verschiedene Technik auch eine verschiedene Bedeutung hatten. Von den in Holz ausgeführten Arbeiten Colins werden in der „Ambraser Sammlung" in Wien drei besonders hervorragende Stücke aufbewahrt, eine Amazonenschlacht, eine zweite nicht näher bezeichnete Schlacht und der Raub der Sabinerinnen.

Nach dem Beispiele antiker Bildner versuchte auch Colin seine Kunst in der Darstellung einer Schlacht der mythischen Kriegerinnen. Aller Wahrscheinlichkeit nach hatte er diese Arbeit wie die anderen zwei obenerwähnten Stücke für Erzherzog Ferdinand verfertigt. Die Amazonenschlacht, 25,8 cm breit, 15 cm hoch, 7 cm tief, in Holz geschnitzt, ist ein lebendiges, bewegtes Bild von hochfeiner Ausführung, die Gruppirung der zahlreichen Figuren, wenn auch nicht so glücklich, wie in dem anderen Schlachtenbilde, doch klar und perspectivisch wirksam. Die Figuren im Vordergrunde erscheinen völlig frei herausgearbeitet. In der Gruppe rechts vom Beschauer erblickt man Herkules, das Haupt mit der Löwenhaut bedeckt, mit seiner Keule vom Pferde herab gegen die ihn bedrängenden Gegner zum Schlage ausholend. Der Hintergrund mit den zahllosen Lanzenschäften und den im Winde flatternden Fahnen erinnert an die von Colin ausgeführten Schlachtenbilder in der Hofkirche zu Innsbruck.

Das zweite Bild, von Sacken als eine Schlacht der Griechen oder Römer bezeichnet, ist das Seitenstück zu dem vorbeschriebenen und demselben in allen Stücken ebenbürtig. Beide Stücke sind zweifellos von einer und derselben Hand, wie sich schon aus dem Vergleiche der Köpfe und Beine der Pferde ergibt. In gleichartigen Bewegungen ist die Musculatur der letzteren auf beiden Bildern ganz dieselbe. Als Meister dieser kostbaren Bildwerke verrathen Colin insbesondere die Gesichtstypen der Amazonen. Wie Architekt Seitz von Heidelberg, welcher die Arbeiten Colins am Heidelberger Schlosse auf's genaueste kennt, versichert, sind es dieselben Typen, wie man sie an den weiblichen Figuren am genannten Schlosse sehen kann. Die im Vordergrunde der Amazonenschlacht mit der Lanze nach links anrennende Amazone ist in dieser Beziehung besonders charakteristisch. Für den Meister spricht auch deutlich die bei ihm immer gleich bleibende Behandlung der Gewänder und Haare, sowie das Costüm der Reiter hier wie an anderen Werken desselben die gleichen Eigenthümlichkeiten aufweist. Die Uebereinstimmung der beiden Reliefs ist nicht zu verkennen.

Ein durch die älteren Inventare von Ambras als Colin'sche Arbeit beglaubigtes Stück und als solches auch in dem „Führer durch die Ambraser Sammlung" bezeichnet, ist der in ein Stück Cedernholz geschnittene Raub der Sabinerinnen, 15 cm breit, 9,5 cm hoch. Sacken beschreibt dieses Stück näher.*) „Es sind neun fast ganz rund gearbeitete Figuren von $2^{1}/_{4}$ Zoll Höhe, welche vier ausdrucksvolle Gruppen bilden, auf einer Anhöhe; tiefer unten noch mehrere Figuren, im Hintergrunde links der Tempel des Neptun, dabei die Schaaren der mit den Sabinern kämpfenden Römer, in der Mitte und rechtshin das noch unausgebaute Rom mit Tempeln, Mauern und Thürmen. Anordnung und Ausführung zeigen die höchste Vollendung. Durch den flach behandelten Hintergrund machen die vorderen Gruppen die Wirkung, daß man viel mehr Figuren und einen sehr tiefen Raum zu sehen meint, (während die Tiefe des Bildes doch nur $1^{1}/_{4}$ Zoll beträgt). Es gibt sich hierin die auf malerische Wirkung zielende Richtung in der Sculptur dieser Zeit kund. Wahrhaft bewunderungswürdig aber ist die bis in's Kleinste gleich präcise Ausführung und die Virtuosität der Technik. Den älteren Inventaren zufolge rührt dieses Meisterstück von Alexander Colin's Hand her und soll sein Probestück gewesen sein, durch welches er seine Befähigung zur Ausführung der Reliefs an Kaiser Maximilians I. Grabmale zu Innsbruck an den Tag legen wollte."

Diese drei Schnitzwerke Colins mögen vielleicht seine werthvollsten Arbeiten dieser Art sein, sie sind jedoch nicht die einzigen. Einer Holzschnitzerei des Meisters für die Schwestern Erzherzogs Ferdinand wurde bereits erwähnt. 1567 hatte nämlich Colin für die Schwestern des Erzherzogs 54 „Bilder" geschnitten, welche von den Goldschmieden zu Kirchenzierden gebraucht wurden. Aber auch früher schon, nämlich 1565 wurden für dieselben Erzherzoginnen von ihm 24 „große und kleine Bilder von Buchsbaumholz zu acht Monstranzen" verfertigt.**) Ueber die Arbeiten in Holz für die Kirche in Seefeld wurde bereits berichtet.

Außer den Arbeiten Colin's in Stein und Holz finden wir von ihm auch Stuccatur- und Thonarbeiten ausgeführt. Das Sommerhaus des Erzherzogs Ferdinand im Hofgarten zu Innsbruck wurde von ihm, wie wir von dessen Sohne Abraham erfahren, mit „Stuckatorwerk", „Ovidische Historien" darstellend ausgeschmückt. Ferner verfertigte er für denselben

---
*) Die k. k. Ambraser Sammlung II. 111.
**) Jahrbuch der kunsthistorischen Sammlungen des a. h. Kaiserhauses Jahrgang V. Reg. No. 4378.

Lustgarten große und kleine, sitzende und stehende Figuren, aus „Wachs und Erde." Von diesen Figuren hielten oder trugen einige Krüge mit Gewächsen, andere, Meerthiere vorstellend, gebrannt und mit weißer Oelfarbe angestrichen, hielten am Teiche sitzend wasserspeiende Gegenstände in den Händen.*)

Ob Colin auch in Elfenbein geschnitzt hat, vermag ich zur Stunde nicht festzustellen, wenngleich ich vermuthe, daß auch Colin'sche Werke aus diesem Materiale, sowie Wachsbossirungen des Meisters noch vorhanden sind.

Schließlich sei noch der vielen Zeichnungen erwähnt, zu deren Anfertigung Colin aus Anlaß der verschiedenen Hoffestlichkeiten veranlaßt wurde. Auch bei solchen Gelegenheiten hatte nämlich die Erfindungsgabe und Einsicht des Meisters sich zu bethätigen, und Colin verschmähte es nicht, die vergänglichen Feste durch künstlerische Gedanken zu illustriren.

Die Festlichkeiten in Innsbruck zur Zeit Erzherzogs Ferdinand, namentlich so lange Philippine Welser lebte, waren ebenso zahlreich als prunkvoll.**) Da gab es bei festlichen Anlässen, an denen es nie fehlte, Ritterspiele aller Art, Turniere, Ringelrennen, Aufzüge, lebende Bilder, Mummereien, Maskeraden u. s. w. Der kunstsinnige Erzherzog aber war darauf bedacht, ihnen Sinn und Bedeutung und künstlerischen Beigeschmack zu geben. Dazu aber bediente er sich auch seines Hofbildhauers, welcher nicht ermüdete, für ihn Zeichnungen hiezu „jetzt auf diese, dann eine andere Manier" zu machen.***) Colin scheint überhaupt nicht ungerne zu Kurzweil und Fröhlichkeit seinen Tribut gezollt zu haben. So unterstützte er auch bei seiner letzten Anwesenheit in den Niederlanden mit seinem Talente die Bürger von Mecheln und Antwerpen, welche eben im Begriffe standen, die Hochzeit des Erzherzogs Albrecht mit der Infantin Isabella

---

*) Die auf diese Arbeit bezügliche, leider etwas undeutliche Stelle in der mehrerwähnten Denkschrift Abraham Colins lautet: „Item in irer fürstlichen Durchlaucht Lustgarten unter Sumerhaus von Ovidische Histori, die von Stukatorwerk, von Wax und Erde Figuren, groß, klein, stende, sitzende, theils die haben Krieg mit Wurzgarten drin gehabt, andere, die was in Henden, dardurch Wasser, um Deicht sein gesessen, von allerlei Mehr Thyrle gemacht, die gepreut, dann weiß von Ölfarb angestrichen worden."

**) Darüber Näheres in dem trefflichen Werke Erzherzog Ferdinand von Tirol. Von Dr. Josef Hirn. Innsbruck 1887. Bd. II.

***) Das Museum in Innsbruck besitzt einen ganzen Band voll Costümzeichnungen zu Aufzügen, ganz oder theilweise colorirt oder in bloßen Umrissen aus der Ferdinandeischen Zeit. Sie sind von zwei verschiedenen Künstlern gemacht. Die letzteren, ungleich besseren Blätter verrathen viel Phantasie und eine sichere Hand. Daß sie eine Arbeit Colins sind, kann ich jedoch nicht behaupten.

von Spanien durch Festlichkeiten zu ehren. „Da haben", erzählt Abraham Colin, „die Landstend irer fürstlichen Durchlaucht und dero Infando zu Ehren und Ankunft Triumphporten und ander Sachen zuerichten lassen, derwegen, weil mein Vater alda gewest, irer fürstlichen Durchlaucht und dero Infando zu gehorsamisten Ehren, auch den Landstenden zu Mecheln, als sein Vaterland, ain schön großen, etlich Werkschuh hoch sitzenden Riesen zugericht und denen zu Antorf was anders." Die für seine Landsleute in Mecheln und Antwerpen angefertigten Decorationsgegenstände und Zeichnungen scheinen großen Beifall geerntet zu haben, da Abraham Colin der obigen Mittheilung die Bemerkung anschließt, daß man seinen Vater „gern gar alda behalten" hätte.

XIX.
Zur Frage, ob Colin auch Architect war.

Die Frage, ob Alexander Colin nicht auch als Architect sich bethätigt haben könnte, wurde zuerst von dem Architecten F. Seitz aufgeworfen. Obwohl ich derselben anfangs verneinend gegenüber stand, fand ich doch nach näherer Untersuchung, daß sie volle Berechtigung hat.

Schon die Architectur an den verschiedenen Grabmälern, welche von Colin verfertigt wurden, bekunden sowohl in ihrer ganzen Anlage wie in ihren Details eine bedeutende architectonische Ausbildung des Meisters. Muß auch jeder Monumentalbildhauer ein gewisses Maaß architectonischer Kenntnisse besitzen, so geht doch die von Colin für seine Bildwerke verwendete Architectur über den nothwendigen Bedarf weit hinaus und man kommt bei näherer Betrachtung der von Colin in Anwendung gebrachten architectonischen Verhältnisse und Details immer mehr und mehr zur Ueberzeugung, daß dieser Mann nicht bloß Bildhauer, sondern auch Architect war. Läßt sich dies urkundlich nachweisen, so hat Colin gerade für Heidelberg noch eine besondere Bedeutung. Das geringe bisher aufgefundene urkundliche Material zur Geschichte des Heidelberger Schloßbaues gibt keine Andeutung, daß Alexander Colin auch als Architect an demselben sich bethätigt hat, wohl aber finde ich dies in unzweideutiger Weise in der öfter erwähnten Denkschrift seines Sohnes, des Bildhauers Abraham Colin ausgesprochen. Dieser sagt nämlich nicht bloß im Allgemeinen, daß sein Vater beim Churfürsten Otto Heinrich in Diensten gestanden, sondern speciell, daß er mit zwölf Gesellen beschäftigt („in der Arbeit") gewesen sei, „einen stattlichen Palast im Werk zu bauen", das heißt aber nach dem damaligen Sprachgebrauche, daß er dort Werkmeister, d. h. Architect des Baues gewesen sei.*) Ist diese Mittheilung Abraham Colins richtig — und wir haben keinen Grund, daran zu zweifeln — so hat sein Vater unzweifelhaft bei den Bauten am Schlosse zu Heidelberg auch als Architect sich bethätigt und nicht blos die Bildwerke zum Otto Heinrichs-bau hergestellt.

Die Persönlichkeit, welche wir heute mit Architect bezeichnen, war in früherer Zeit der „Werkmeister", welchem der „Baumeister", dem jedoch lediglich die Besorgung der Baumittel und die Verrechnung oblagen, zur Seite stand. Die Bezeichnung des Architecten mit Werkmeister war in Tirol noch 1789 nicht ganz außer Gebrauch gekommen. Solange Bildhauer, Steinmetzen und Maler das architektonische Bedürfniß zu befriedigen verstanden, war auch kein Anlaß, diesen Kunstzweig in eine besondere Hand zu legen. Den Titel Architect führte in Innsbruck zuerst der in den Regierungsacten sonst gewöhnlich als Werkmeister bezeichnete Italiener Giovanni Luchese, welcher sich Architect des Erzherzogs Ferdinand nannte, von Haus aus aber ein Maurer gewesen zu sein scheint. Dieser Architect stand mit Alexander Colin auf gespanntem Fuße und da dieser sonst mit aller Welt im Frieden lebte, dürfte die zwischen ihm und dem erzherzoglichen Architecten eingetretene Spannung vielleicht gerade auf eine gewisse Rivalität auf architectonischem Gebiete zurückzuführen sein. Dagegen scheint Colin mit dem Architecten und Maler Pietro de Pomis, welcher Colin für den Kupferstecher Lucas Kilian portraitirte, in freundschaftlichen Beziehungen gestanden zu sein.**) Daß ein Bildhauer wie so mancher Maler zugleich auch Architect war, dafür ist Colin nicht das einzige Beispiel, denn von unzähligen andern Bildhauern wissen wir, daß sie Bauwerke entworfen und ausgeführt haben. In Italien waren bekanntlich

---

*) Den Wortlaut der betreffenden Stelle in Abraham Colins Denkschrift haben wir bereits im Abschnitt I. mitgetheilt.

**) Pietro de Pomis war sieben Jahre Hofmaler des Erzherzogs Ferdinand von Tirol und kam 1595 an den erzherzoglichen Hof in Graz, wo er als Maler und Architect sich berühmt machte. Von seinen Bauten ist das Mausoleum Ferdinand II. die bedeutendste Leistung dieses vielseitig gebildeten Meisters. (Mittheilungen der k. k. Central-Commission N. F. Bd. 8. S. 1 f.)

gerade die hervorragendsten Architecten Bildhauer. Nicht weniger zahlreiche Beispiele, daß Bildhauer als Architecten sich bethätigt haben, liefert
die Geschichte deutscher Kunst. Ich erwähne hier noch den, bisher wenigstens als Architect ganz unbekannten Bildhauer Meister Erasmus von
München, welcher 1496 den so merkwürdigen Bau der vierschiffigen Pfarrkirche in Schwaz als Werkmeister geführt hat. Aber nicht bloß unter
den Bildhauern und Malern, sondern auch unter den Steinmetzen finden
wir Architecten. Die beim Bau der Hofkirche zu Innsbruck betheiligten
Werkmeister Andrä Cribell, Alex de Congi, Marx della Bolla und Nicolaus
Düring waren sämmtlich Steinmetzen. Cribell und Bolla bauten auch die
große Kirche zu St. Pauls.

XX.

Colins letzte Arbeit. Todestag und Geburtsjahr des Meisters. Persönliche und Familienverhältnisse desselben.*)

Nach dem im Jahre 1595 verstorbenen Erzherzoge Ferdinand stand
das Land Tirol bis 1602 unter der kaiserlichen Regierung und erhielt erst
in diesem Jahre wieder seinen eigenen Landesfürsten und zwar in der
Person des Erzherzogs Maximilian, von dem deutschen Orden, dessen
Haupt er war, der Deutschmeister genannt. Colin war inzwischen ein
alter Mann geworden; er hatte zu dieser Zeit jedenfalls schon sein drei-
undsiebzigstes Lebensjahr hinter sich. Das hohe Alter aber hielt den von
Jugend auf an Arbeit gewöhnten Meister nicht ab, den Wunsch des neuen
Landesherrn, welcher ein 1552 von den Söldlingen des Churfürsten Moritz
von Sachsen bei der Beraubung der Kirche und der landesfürstlichen Gruft
im Kloster Stams stark beschädigtes Grabmal wiederhergestellt wissen wollte,
zu erfüllen.

---

*) Außer dem k. k. Statthalterei-Archiv wurden hiezu benützt die Archive des
k. k. Landesgerichts und des Ferdinandeums zu Innsbruck, das freih. v. Sternbach'sche
Archiv in Mühlau, endlich die Pfarrarchive von Innsbruck, Hall, Matrei, Prutz und
Partschins.

Dieses Grabmal hatte 1475 Erzherzog Sigismund von Tirol für seinen Vater Herzog Friedrich mit der leeren Tasche und dessen beide Gemahlinnen errichten lassen. Die Arbeit war dem Augsburger Bildhauer Hans Radolt, welcher in dem Arbeitscontracte sich Gypsgießer nennt, übertragen worden, und dieser sollte „ein Gräbniß von Yps (Gips) gießen mit Tabernakeln, Winbergen, Bildern und den dreizehn Landen" (d. h. den Wappen der dreizehn Länder).*) Hans Radolt arbeitete drei Jahre lang an dem ausgedehnten Werke. Aber auch die Restaurirung des Grabmals, welches, wie Colins Sohn schreibt „übel, schändlich verderbt und zerbrochen gewest", erforderte „viel Müh und Arbeit." Durch die Wiederherstellung dieses Denkmals, bei welcher Colin von seinem Sohne Abraham unterstützt wurde, hatte der Meister den vollsten Beifall des Landesfürsten sich erworben. Was jedoch 1552 die Barbarei roher Kriegsknechte verstümmelte, zerstörte um 1680 vollends der Ungeschmack der Zeit, welcher durch das alte Bildwerk den modernen Bau der neuen Kirche nicht beeinträchtigt sehen wollte.

Die im Jahre 1609 in Angriff genommene Arbeit war, wie erwähnt, die letzte des Meisters. Urkundlich wenigstens finde ich kein anderes Colin'sches Werk mehr erwähnt. Nach drei Jahren starb der unermüdlich thätige Meister. Das Todtenbuch der Stadtpfarre Innsbruck verzeichnet den Sterbefall in folgender Weise: „1612 18. August. der ernvest Herr Alexander Colin, Pildhauer allhie." Diese pfarrliche Eintragung stimmt jedoch nicht mit dem Todestage, welchen die Inschrift am Grabmale Colin's als den 17. August bezeichnet. Diese letztere Angabe ist aber offenbar die richtige, denn der damalige Stadtpfarrer Johann Marksteiner bezeichnet selbst in seinem uns erhaltenen Tagebuch diesen Tag als denjenigen, an welchem Colin begraben wurde. Die betreffende Stelle lautet: „17. August, Conduximus (wir haben zur Erde bestattet) den ernvesten Alexandrum Colin, Bildhauer, im Leben mit Verfertigung kayl. Epitaphien, Begrebnußen und anderer Arbeiten allhie zu Ynnsprugg, Prag und Wien dreien röm. Kaisern, Ferdinando, Maximiliano und Rudolpho seit dem 1562. Jar gedienet. Ueberdies der fürstl. Durchlaucht Erzherzogen Ferdinanden zu Oesterreich bestellter und besoldeter Diener, mit dem großen Geläut, auch Schidung."

Die Angaben über des Meisters Geburtsjahr gründen sich lediglich auf die Inschriften an den drei Bildnissen Colins, zwei Kupferstichen und

---

*) Der die nähere Beschreibung des Grabmals enthaltende Contract ddo. 23. Sept. 1475 ist abgedruckt im Archiv für Geschichte und Alterthumskunde Tirols I. 80—83.

einem Oelgemälde, welche sämmtlich zu Lebzeiten des Meisters angefertigt worden sind. Das jüngste dieser Bildnisse datirt vom 1. Jänner 1601 und zeigt uns in guter Zeichnung und feinem Strich den im Denken und Schaffen ergrauten Meister. Das ungemein charakteristische Bildniß wurde von dem genialen Hofmaler und Architecten Pietro de Pomis gezeichnet und von dem Augsburger Kupferstecher Lukas Kilian (geb. 1579, gest. 1637) in Kupfer gestochen. Nach der Umschrift dieses Kupferstiches wäre Colin im Jahre 1526 geboren. Die Umschrift des Bildnisses lautet! „Alexander Colinus Belg. sereniss. Ferdinandi archid. Aust. p. m. statuarius. Aet. suae Anno LXXIIII. Unter dem Bildnisse stehen die Zueignungsverse:

„Fernandi Caesar grato cum principe fovit
Austria Colinum tota regensque domus;
Fernandis fecit, quae mausolaea, loquentur
Mausolaea suos carica ut artifices.
Memoriae chariss. patronis (sic) amoris et record. ergo. Dom. Custos, civ. Aug. Vind. strenae don. Cal. Ian. a. MDCI."

Das zweite in Kupfer gestochene Bildniß Colins, weniger künstlerisch behandelt und ausgeführt als das vorerwähnte, zeigt uns den Meister vom Jahre 1593, somit um acht Jahre jünger. Das Bildniß wurde von Colins Landsmann Dominicus Custos (geb. zu Antwerpen 1560, gest. zu Augsburg 1612) in Kupfer gestochen und trägt die Umschrift: Alexander Colinus Belgius sereniss. Ferdinandi archid. Austriae stautarius aet. suae LXVII. Hieraus ergiebt sich ebenfalls das Jahr 1526 als das Geburtsjahr des Meisters. Das dritte Bildniß, welches wir von Colin besitzen, nämlich jenes, welches an der Innenseite des, das Grabmal Kaiser Maximilians umschließenden Gitters angebracht ist, enthält die Inschrift: „AE. SVA. 33. 1562", und Alexander Colin wäre darnach im Jahre 1529 geboren.

Wir haben somit zwei verschiedene Angaben über das Jahr der Geburt Colins, und es ist ohne eine weitere Forschung in dessen Heimath selbst nicht möglich dieses Jahr richtig zu stellen; denn der Maler, welcher die am Mausoleum des Kaisers Maximilian angebrachten Bildnisse Colins und seiner Gattin Maria Fließhauer gemalt hat, und das Jahr 1529 als das Geburtsjahr Colins bezeichnet, kann ebenfalls auf Glaubwürdigkeit Anspruch machen. Der Maler dieser Porträte ist nämlich nach meinem Dafürhalten kein anderer als der Schwager Colins, Roman Fließhauer von Mecheln.*)

---
*) In deutschen Actenstücken und in den canonischen Büchern der Stadtpfarre Innsbruck heißt er Fließhauer, Fleschauer, Fleischauer und Fleischhauer, niederländisch

Die beiden Bilder wurden laut Inschrift 1562 gemalt, somit in dem Jahre, in welchem Colin nach Innsbruck gekommen ist. Nachdem nun Colin erst gegen Ende des Jahres 1562 in Innsbruck eingetroffen ist, erscheint es mir im höchsten Grade unwahrscheinlich, daß er, hier angekommen, nichts Eiligeres zu thun gehabt hätte, als sich und seine Frau — wenn er diese überhaupt schon gleich anfangs mitgebracht haben sollte — porträtiren zu lassen. Sind aber die Porträts in Mecheln, wo Colin 1562 heirathete, angefertigt worden, so hat er dies sicher nur durch seinen Schwager, den später ebenfalls nach Innsbruck gekommenen und in der Folge als Hofmaler angestellten Roman Fliescháuer geschehen lassen. Immerhin bleibt es jedoch wahrscheinlicher, daß Lucas Kilian, welcher noch 1601 die Geburt Colins in das Jahr 1526 versetzt und keinen Anlaß gefunden hat, die Angabe des ersten, im Jahre 1593 erschienenen Kupferstichs zu corrigiren, das Geburtsjahr richtig bezeichnet haben dürfte.

Die auf den drei Bildnissen Alexander Colins genannten Meister, Dominicus Custos, Lucas Kilian und Pietro de Pomis, sind, von den Bildhauern Abel abgesehen, die einzigen bisher mir bekannten Künstler, zu denen Colin in näheren Beziehungen stand. Custos und Fliescháuer waren Landsleute desselben, letzterer überdies durch verwandtschaftliche Bande mit ihm enge verbunden. Beide Kupferstecher aber, Kilian und Custos, verehrten, wie schon die Inschriften an den von ihnen in Kupfer gestochenen Bildnissen Colins beweisen, in dem Meister ihren besonderen Gönner, zollten ihrem „Patron" große Dankbarkeit und bewunderten dessen Kunst. Roman Fliescháuer war, wie schon das vorzügliche Bildniß Colins, den er gewiß zutreffend als geistvollen, charakterfesten Mann mit noblen Gesichtszügen darstellt, und das ebenfalls individuell aufgefaßte Porträt der Frau Colin bekunden, ein Künstler von nicht untergeordneter Bedeutung. Dafür spricht wohl auch seine Anstellung als Hofmaler Erzherzogs Ferdinand.

Als Hofbediensteter stand Colin über dem Bürger der Stadt, deren Lasten er nicht zu tragen hatte und um deren Bürgerrechte er sich nicht zu kümmern brauchte, zumal er eines nicht unbedeutenden Vermögens

---

Vleeschhouwer. Roman Fliescháuer, welcher wohl durch Colin bewogen nach Innsbruck gekommen und von Erzherzog Ferdinand als Hofmaler in seinen Dienst aufgenommen worden ist, starb am 7. April 1582 nach längerer Krankheit. Wie ein Bittgesuch der Witwe versichert, hinterließ er „nichts als fünf kleine Kinder", wie ich jedoch urkundlich gefunden habe, auch ein Haus in der Oberen Innbrücken-Straße, welches von jenem des Alexander Colin nur durch ein dazwischen liegendes getrennt war. Erzherzog Ferdinand bewilligte der Witwe Fliescháuers einen jährlichen Erziehungsbeitrag. Ein gleichnamiger Sohn dieses Hofmalers trat als Maler in die Fußstapfen seines Vaters.

sich zu erfreuen hatte. Die Rathsprotokolle der Stadt enthalten daher keine Mittheilungen über den kunstbewährten Innwohner und aus dem Gerichtsarchive erfahren wir nur, daß er Vormund der Kinder des Hoftapessiers Benedict de Moyen und geduldiger Gläubiger unverläßlicher Schuldner gewesen ist. Mit allen Leuten lebte er im Frieden, nur der welsche Hofbaumeister (Giovanni Luchese) scheint nicht zu seinen Freunden gezählt zu haben, da Colin ihn von einer commissionellen Beurtheilung seiner Arbeit ausgeschlossen wissen wollte.

Alexander Colin hatte sich, wie bereits einmal erwähnt wurde, schon bei seinen Lebzeiten allseitiger Anerkennung seiner Leistungen zu erfreuen. Bei Erzherzog Ferdinand stand er, wie wir dies schon bei verschiedenen Gelegenheiten gesehen haben, in hoher Achtung und Gnade. In allen Anliegen konnte sich der Meister mit Zuversicht an seinen hohen Gönner wenden. Als Colin in Folge des Aufstandes in den Niederlanden Gefahr lief, um sein dort liegendes Vermögen zu kommen, nahm sich Erzherzog Ferdinand selbst der Sache seines Dieners an. So schrieb er am 29. December 1583 an Bürgermeister und Rath der Stadt Antwerpen, denen er das Gesuch seines „vieljährigen, angenehmen Dieners" mittheilt, man möge demselben sein und seiner Ehewirthin „jährliches Einkommen" von Rechts und Billigkeit wegen „nicht sperren", da er „vor dem Aufruhr" sich aus den Niederlanden begeben habe. In einer in das Jahr 1588 fallenden Angelegenheit Colins mit der Stadt Mecheln bestimmte der Erzherzog den Gubernator Carlo di Gistel, seine uns nicht näher bekannte Sache zu vertreten und schrieb überdies an die Stadt selbst und empfahl ihr seinen „alten, angenehmen, getreuen und gehorsamen Diener" auf das wärmste. Selbst die den, alle Kassen des Landes erschöpfenden Kunstbestrebungen dieses Landesherrn abholden Regierungskreise, einschließlich der durch den Aufwand für Kunstsachen am schwersten mitgenommenen landesfürstlichen Kammer zollten den Werken und dem Charakter des Meisters reichliches Lob. Alle „Potentaten, Herrschaften und abgesandten Legaten", die nach Innsbruck kamen, verlangten speciell Colins Arbeiten zu sehen, machten bei dieser Gelegenheit wohl auch Anstrengungen, den Meister für sich zu gewinnen und von Innsbruck wegzubringen; Colin schlug jedoch jedes derartige Ansinnen aus. Dankbar gegen das Erzhaus Oesterreich konnte er sich nicht entschließen, in eines anderen Herrn Dienste zu treten.

Seine zweite Heimat, die Stadt Innsbruck, ehrte in neuester Zeit das Andenken Colins durch die Bezeichnung einer neuen Straße mit dem Namen Colin, und das Landesmuseum stellte neben den Brustbildern hervorragender

Künstler, die in Tirol gewirkt, auch jene Alexander Colins an die Front des Musealgebäudes. Die Büste wurde von dem Bildhauer Anton Spagnoli nach dem in der Hofkirche befindlichen Portrait Colins in Marmor ausgeführt. Seine alte Heimat, die Niederlande, hielt Colin in treuester Erinnerung und die weite Entfernung seiner Vaterstadt hielt ihn nicht ab, die beschwerliche Reise dahin öfters zu unternehmen. Das erstemal nach seiner Niederlassung in Innsbruck reiste er dahin im Jahre 1566, das zweitemal 1570, das drittemal 1575 und das letzte Mal im Jahre 1598. Die Zeit seiner Erholungsreisen, mit welchen er immer auch geschäftliche Zwecke verfolgte,*) abgesehen, finden wir den Meister nur mit seinen Werken beschäftigt oder um sie besorgt, ja es dürften wenige Menschen die ihrem Leben zugemessene Zeit so gewissenhaft und berufsthätig benützt haben wie Alexander Colin. Seine Jugend- und Mannesjahre sind völlig in Arbeit aufgegangen. Colins Werke sind auch seine Biographie. Zur Vervollständigung derselben haben wir nur noch Einiges über seine Familie beizufügen.

Nach dem, was bisher über die Familienverhältnisse Alexander Colins vorliegt, hatte derselbe kurz vor seiner Berufung nach Innsbruck geheirathet. Die Wahl seiner Lebensgefährtin traf er offenbar nach seiner Rückkehr von Heidelberg in seine Vaterstadt. Sie fiel auf Maria Flieschauer, Schwester des Malers Roman Flieschauer in Mecheln. Wenn Hausfrauen, von denen nicht gesprochen wird, die besten sind, so muß die Gattin Alexander Colins jedenfalls dazu gezählt werden. Wir erfahren über sie nichts, als daß sie von Mecheln gebürtig war, sieben Kindern das Leben schenkte, dann im Mai 1594 mit Hilfe ihres „Anweisers" Hans Christof Löffler die letztwilligen Verfügungen traf und am 3. Juli desselben Jahres zu Innsbruck „christlichen aus dieser Welt abgeschieden und (im Friedhof) bei der Spitalkirche zu geweihter Erde mit gebührenden christlichen Ceremonien und Exequien begraben worden ist." Nach den freundlichen Zügen in dem uns von ihr erhaltenen Portrait zu schließen, war Maria Flieschauer eine Frau von heiterem, wohlwollendem Gemüthe.

Alexander Colin wurde bereits im Jahre 1563 durch die Geburt eines Sohnes beglückt. Von den nachfolgenden sechs Kindern sind fünf ihrem 1612 verstorbenen Vater vorangegangen. Unter diesen letzteren be-

---

*) 1598 hatte er vor, das von seiner Mutter und seiner Gattin geerbte Vermögen zu beheben und nach Innsbruck zu bringen. Colin befand sich noch daselbst zur Zeit der Hochzeit des Erzherzogs Albrecht, Statthalter der Niederlande, somit noch im April 1599.

fand sich auch sein Söhnlein Johannes, welches zwar 1586 noch lebte, von da an aber urkundlich nicht mehr erscheint. Ueber diesen jungen Colin hat ein interessantes Actenstück sich erhalten. Es ist ein reingeschriebener, bereits mit der Unterschrift des Canzlers Justinian Moser und der Adresse versehener Erlaß vom 17. November 1386, dessen Unterzeichnung jedoch der Erzherzog verweigerte. „Jr fr. dt. wellen dis schreiben mit zaichen", steht an der Stelle, auf welche der Erzherzog seine Namensfertigung hätte setzen sollen. So blieb das Schreiben unausgefertigt und unexpedirt im Innsbrucker Statthalterei-Archive liegen. Der Inhalt des auf den Namen des Erzherzogs in italienischer Sprache verfaßten, an Girolamo Aquapendente und Ezechiel Piperelli, Doctoren der Medicin zu Padua, gerichteten Schreibens ist folgender. Die seltene Tüchtigkeit und Trefflichkeit (Le rare virtú et buoni costumi) seines lieben und getreuen Hofbildhauers Alexander Colin hätten ihn (den Erzherzog) zu diesem Schreiben veranlaßt, nachdem er von jenem erfahren, mit welcher Sorgfalt und Geschicklichkeit sie dessen jungen Sohn (figliuolo) Johann in seiner schweren und langwierigen Krankheit behandelt hätten. Er ersuche sie im Interesse seines lieben und alten Bildhauers (nostro caro et vecchio scultore) mit ihrer bisherigen Sorgfalt und Geschicklichkeit das begonnene Werk zu gutem Ende zu führen, wofür sie außer gebührender Belohnung von Seite Colins auch seiner, des Erzherzogs besonderer Huld und Gnade gewiß sein könnten.

Die Weigerung des sonst seinem Hofbildhauer so sehr geneigten Erzherzogs, dieses Schreiben zu unterzeichnen, dürfte wohl in der etwas überschwänglichen Ausdrucksweise seiner Fassung zu suchen sein. Es beweist aber jedenfalls das hohe Ansehen, in welchem Alexander Colin in den höchsten Regierungskreisen gestanden ist. Ueber die Krankheit seines jungen Sohnes selbst und deren weiteren Verlauf ist nichts näheres bekannt.

In vollem Gegensatze zu diesem nur durch seine Krankheit bekannten jungen Colin steht dessen heirathslustige Schwester Magdalena. Sie hat zwar nicht an einem Tage drei Könige geheirathet, aber in wenigen Jahren „drei edl und veste" Herren des tirolischen Adels und nach dem Tode des dritten versuchte sie ihr Glück noch mit einem vierten, fand aber bald Gelegenheit ihren unglücklichen Schritt zu bereuen.

Zum erstenmale reichte Magdalena Colin ihre so oft umworbene Hand Herrn Hans Jacob Schüeftl zu Lichtenthurn, fürstlicher Durchlaucht Hofkanzlei-Expeditor, mit welchem sie am 27. Februar 1590 an den Traualtar getreten ist. Nach der Auflassung der Hofkanzlei in Folge des Ablebens Erzherzogs Ferdinand hielt ihr Gatte um die einträgliche Stelle eines Zöllners auf der Töll bei Meran an, die er auch 1597 erhielt,*) aber nur kurz bekleidete. Noch im selben Jahre oder in den ersten Tagen des Jahres 1598 ging er mit Tod ab. Seinen Kindern bewilligte der Kaiser in Anbetracht der großen Verdienste ihres Vaters ein Gnadengeschenk von 300 fl. Von diesen Kindern erscheinen urkundlich nur ein Sohn Pantaleon aus seiner ersten Ehe und eine Tochter Anna Katharina, die ihm Magdalena Colin schenkte.

Als zweiter Gatte der heirathslustigen Frau erscheint Hauptmann Balthasar Pock von Arnholz, ein Mann, welcher nach dem Zeugniß der Innsbrucker Regierung, die 1599 dem Landeshauptmann an der Etsch seine und seiner Nachkommen Aufnahme in die Landtafel empfiehlt, „sich in Kriegsdiensten, mit Tragung ansehnlicher Aemter und Befelch wohl verhalten hat." Jahr und Tag der Trauung konnte ich nicht ermitteln. Hauptmann Pock starb am 4. März 1600 auf seinem Ansitz Arnholz.**)

Nach zwei Jahren vertauschte Magdalena Colin abermals den Wittwenschleier mit den hochzeitlichen Freuden. Schon unterm 21. April 1602 verzeichnen nämlich die canonischen Bücher der Stadtpfarre Innsbruck folgende Trauung: „Der edl, vest Hans Dietrich Dreyling und die edl Frau Magdalena Colin, des edlen, vesten Herrn Hauptmann Balthasar Pock's von Arnholz elich nachgelaßne Witib."

Hans Dietrich Dreyling zu Wagrein war ein Enkel des Hans Dreyling, für welchen Alexander Colin und Hans Christof Löffler das Grabmal in Schwaz verfertigten. Seit jener Zeit scheint auch die Colin'sche Familie mit der Dreyling'schen in steter Verbindung geblieben zu sein. 1582 hatte „Herr Dreyling" — welcher, ist nicht gesagt — ein Kind des in Armuth verstorbenen Hofmalers Roman Fliescher, Schwagers des Alexander Colin angenommen. Hans Dietrich Dreyling war durch mehrere Jahre Pflegsverwalter der Herrschaft Laudegg und wohnte mit seiner Gattin auf dem stolzen Schlosse gleichen Namens, das jedoch heute nur mehr als dachloses Gemäuer die hohe Felswand krönt, auf welche in grauer Vorzeit ein unbekannter Zwingherr die Veste gesetzt hat.

Im Februar 1619 bewarb sich Dreyling, welcher die Pflegsverwaltung von Laudegg satt hatte, um eine Raitrathsstelle in Innsbruck; da aber

---

*) Aus den vielen Bewerbern hatte die Regierung dem Kaiser Rudolf außer Schüestl einen zweiten gleich würdigen zur Ernennung vorgeschlagen, der Kaiser aber überließ es der Regierung, aus diesen zweien zu wählen.

**) Dieser alte Edelsitz, im 15. Jahrhundert Narrnholz, seit dem 16. Jahrhundert Arnholz, in neuester Zeit von dem Besitzer Herrn von Debern der Debernhof genannt, liegt an der östlichen Berglehne von Matrei.

eine solche zur Zeit nicht vacant war, schlug die Regierung dem Erzherzog vor, ihm die nächste in Erledigung kommende Stelle am Hofe selbst zu verleihen. Hiezu kam es aber nicht mehr, da inzwischen Hans Dietrich Dreyling das Zeitliche segnete. Er starb zu Caudegg am 2. April 1619 und hinterließ zwei Söhne, die er mit Magdalena Colin gezeugt, Hans Rudolf und Hans Dietrich, denen die Regierung Paul Alber, später Dr. Hilepraud zum Vormund bestellte.*)

Auch diesmal hatte die unternehmende Witwe das übliche Maß der Trauer um den heimgegangenen Gatten nicht weiter ausgedehnt; denn kaum mehr als ein Jahr nach dem Tode desselben schritt Margaretha Colin zu ihrer vierten Verbindung und heirathete Hans Ernst Portner, mit ihm aber auch ihr Unglück.

Hans Ernst Portner war ein Sohn des o. ö. Regimentsadvocaten Dr. Oswald Portner und der ersten Gemahlin desselben, einer gebornen Sartori**) 1595 geboren, war Portner 25, oder höchstens 26 Jahre alt, als er der ungleich älteren, mit drei Kindern ausgestatteten Witwe seine Hand reichte. Der eheliche Friede scheint kaum die Flitterwochen überdauert zu haben. Das traurige Verhältniß der beiden Gatten wurde bald zum offenen Aergerniß, so daß die Regierung selbst sich veranlaßt sah, einzuschreiten. Am 17. November 1621 schrieb sie an die Verwandten der Frau Portner, sowie an den Vormund ihrer Kinder, sie habe in Erfahrung gebracht, daß Magdalena Portner von ihrem Manne schlecht behandelt werde und von demselben „Schläg und Streich" erhalte. Obwohl Ursache und Beweise genug vorhanden wären, um „ein gebürende Demonstration und Exempl zu statuiren", wende sie sich doch vorderhand noch an ihre Verwandtschaft, sowie an den Vormund ihrer Kinder und befehle denselben „auf allerlei Mittl und Weg zu denken, sie womöglich dahin zu vermögen, ob sie Eheleut wiederumben zusammengebracht, frid,

---

*) Das schon frühzeitig geadelte, 1573 mit dem Prädicate zu Wagrein begnadigte Geschlecht der Dreyling ist somit nicht, wie der Genealoge von Mayrhofen annimmt, mit dem Vater und dem Onkel desselben ausgestorben. (v. Mayrhofen, Die Adelsgeschlechter Tirols, Msc. im Museum Ferdinandeum.) Das erst mit den beiden Söhnen des Pflegverwalters Hans Dietrich Dreyling in Tirol erloschene Geschlecht blüht noch in Riga fort, wo anfangs des 16. Jahrhunderts ein Paul Dreyling sich niederließ. Er wurde daselbst 1518 in den Stadtrath gewählt, war 1528 Bürgermeister dieser Stadt und machte sich besonders durch seinen Eifer für die lutherische Lehre bemerkbar. Ein Sproße dieses Zweiges, Johann Reinhold von Dreyling, russischer Geheimrath, lebte noch 1877 in Petersburg. (Mittheilungen des Herrn Georg Lange in Riga.)

**) Seine zweite Gatin war Katharina Lingahöl, die dritte Maria Magdalena Burglechner.

Ruh und Einigkeit gepflegt, auch dardurch die vorhabend Scheidung verhüt werden möge."

Dies Einschreiten der Regierung und wie anzunehmen ist, auch der Verwandtschaft der Frau Portner hatte jedoch keinen dauernden Erfolg. Am 23. August 1622 ließ nämlich die Regierung an Hans Ernst Portner selbst die schriftliche Drohung ergehen, ihn eventuell in das Kreuterhans (Criminalgefängniß in Innsbruck) abliefern zu lassen. Sie habe, sagt die Regierung in ihrer Zustellung, glaubwürdig vernommen, daß er „gegen seine Ehewirthin, dem mit Mund und Hand gethanen Versprechen zuwider, allerhand tätliche Handlung habe verlauten lassen, ihr auch also gedroht, daß sie ihr nit getrau, zu ihm ins Haus zu kommen."

Bei diesen traurigen Verhältnissen ist es begreiflich, daß die unglückliche Frau ihren Edelsitz Rizol in Mühlau verkaufte.*) Diesen Edelsitz hatte 1605 Alexander Colin von Paul Schüestl zu Lichtenthurn, dessen vielfacher Gläubiger er war, an sich gebracht und überließ ihn kurze Zeit darauf seiner Tochter Magdalena, welche ihn 1621 um den Preis von 7000 fl. dem Präsidenten des Regiments zu Innsbruck, Berchtold Freiherrn zu Wolkenstein, käuflich überließ. Dieser bezahlte ihr 1623 nachträglich noch 137 fl. 49 kr. für die übernommenen Fahrnisse. Gegen den Verkauf des Edelsitzes hatte zwar Dr. Hilepraud als Vormund der Dreyling'schen Kinder Einwendungen erhoben, sie sind jedoch thatsächlich erfolglos geblieben.

Ueber die letzten Lebensjahre der Magdalena Colin ist nichts bekannt. Am 6. Juni 1629 schied sie vom zweifelhaften Glücke dieses Lebens. Als Erbe derselben erscheint in den Gerichtsbüchern ihre „eheleiblich hinterlassene" Tochter Anna Katharina Schüestl zu Lichtenthurn, zur Zeit bereits vermählt mit Christof Waldner. Darnach scheinen ihre beiden Söhne aus dritter Ehe schon nicht mehr am Leben gewesen zu sein. Jedenfalls ist dies mit dem Jahre 1630 anzunehmen, da in demselben sowohl die von Dreyling'scher als Schüestl'scher Seite erhobenen Erbansprüche mit dem Hinweis auf die „nunmehr einzige Erbin" als erledigt bezeichnet werden.

Den verwittibten Gatten der Magdalena Colin finde ich bald nach

---

*) Als adeliger Ansitz erscheint Rizol zuerst 1535, in welchem Jahre Dr. Ulrich Schmotzer, kaiserlicher Rath und Advocat der Regierung zu Innsbruck von Kaiser Karl V. mit dem Prädicate von Rizol in den Adelstand erhoben wurde. Dem Dr. Schmotzer folgten im Besitze von Rizol 1600 Paul Schüestl zu Lichtenthurn, 1605 Alexander Colin und bald nachher dessen Tochter Magdalena, 1622 Berthold Graf von Wolkenstein, dann Freiherr von Girardi, 1655 Zacharias von Ingram, 1660 Karl von Corelli, 1677 Hildebrand von Goldegg, 1707 die Freiherrlich von Sternbach'sche Familie, welcher Rizol noch heute angehört. (Freiherr von Sternbach'sches Archiv.)

deren Tode in der Kanzlei der landesfürstlichen Kammer, in welcher er „willig und unverdrossen" bis 20. März 1630 als Schreiber sich bethätigte. 1630 wurde er zum Kammerkanzlisten ernannt und 1645 zum Bauschreiber des Pfannhausamtes in Hall befördert. Als solcher starb er daselbst am 11. December 1664. Sein eheliches Glück hatte er ein zweitesmal nicht mehr versucht.

Nach dem Tode der einzigen Tochter, welche Alexander Colin überlebte, finden wir nur noch den ofterwähnten Sohn desselben, Abraham, am Leben. Bis 1612 geräuschlos an der Seite seines Vaters arbeitend und allein auf die Förderung der Werke desselben bedacht, mußte er auch darauf verzichten, sich einen Namen zu machen und zu rechter Zeit als selbständiger Meister aufzutreten. Und hätte ihn nicht die Noth dazu gezwungen, die viel erwähnte Denkschrift über die für das Erzhaus Oesterreich von seinem Vater und ihm selbst vollbrachten Arbeiten zu verfassen, würden wir uns mit den spärlichen Nachrichten begnügen müssen, welche die canonischen Bücher und etliche Gerichtsacten über ihn enthalten. Wie nun Abraham Colin in jener Denkschrift erwähnt, erblickte er 1565 in Innsbruck das Licht der Welt. Sein Vater fand in ihm schon frühzeitig den Beruf zum Bildhauer. „Mein Vater", sagt Abraham Colin, „hat mich gleichsam von Jugent auf zu seinen Arbeiten angestellt und erzogen." Er sei, versichert er, dem Vater „bei den kaiserlichen und fürstlichen (erzherzoglichen) Arbeiten behilflich beigestanden", habe dieselben „guten Theils verrichten und machen helfen", obwohl um ihn während dieser an der Seite seines Vaters vollbrachten Arbeit von auswärts — er nennt diesfalls die Höfe des Churfürsten von Sachsen und des Königs von Schweden, sowie den kaiserlichen Hof in Prag — angesucht worden sei und er an anderen Orten seinen Nutzen hätte finden können. Er erwähnt auch namentlich, daß er bei der Ueberantwortung und Aufrichtung der von seinem Vater für Wien und Prag gelieferten Arbeiten, also der Brunnen in Eberstorf und des kaiserlichen Grabmals im Dom zu Prag sich bethätigt habe.

Bei der Anfertigung oder Aufstellung des Grabmals für Erzherzog Ferdinand wurde Abraham Colin, wie schon einmal erwähnt, durch den Verlust seines rechten Schenkels zum „übel verletzten, tadelhaften Mann" und außer Stand gesetzt, anderwärts Nutz und Frommen zu suchen und überhaupt seiner Arbeit „recht vorzustehen." Es berührte ihn schmerzlich, mit Weib und Kind seinem Vater zur Last fallen zu müssen und nach dessen Tode reichten, wie er klagt, die Interessen des ererbten Vermögens zu seinem Unterhalte um so weniger hin, als der Preis der Lebensmittel in fortwährendem Steigen begriffen war, in dem Jahre 1623 aber Getreide und Schmalz überhaupt um Geld schwer oder gar nicht, sondern nur mittelst Austausch durch andere Lebensmittel zu bekommen waren.*) Obgleich sowohl die Regierung den landesfürstlichen Dienern als der Stadtrath den Bürgern Getreide und Schmalz vermittelte, konnte Colin von keiner Seite eine Beihilfe erhalten und blieb auf seine Rente angewiesen, da seit 1597 sein Vater nicht mehr landesfürstlich angestellt war, andererseits aber auch nicht in den Innsbrucker Bürgerverband sich hatte aufnehmen lassen. Nun war ihm zwar, wie er selbst bestätigt, von seinem Vater „mit ein kleines Erbtheil" zu Theil geworden, allein in Folge der durch seine Krüppelhaftigkeit so sehr beeinträchtigten Erwerbsthätigkeit war er um „einen guten Theil" des Vermögens gekommen und sollte nun in seinem „höchsten Alter" „für den Wein Wasser trinken." In dieser Bedrängniß wendete er sich 1623 mit der oft erwähnten Denkschrift, in welcher er speciell der Verdienste seines Vaters erwähnt, an Erzherzog Maximilian mit der Bitte um Aufnahme in den Hofstatus, damit er die Lebensmittel gegen die übliche Bezahlung erhalten könne, oder um eine Provision. Das Gesuch hatte jedoch keinen günstigen Erfolg. Die landesfürstliche Kammer bemerkte zu demselben in ihrem an den Erzherzog erstatteten Gutachten, es sei allerdings wahr, daß Alexander Colin zu Zeiten Kaisers Ferdinand, auch Erzherzogs Ferdinand sowohl in Innsbruck als an anderen Orten „vil schöne, kunstliche Bildhauerarbeiten verricht und dazu seinen Sohn Abraham gebraucht habe"; allein diese Arbeiten seien stets „wohl vergnügt und bezahlt" worden. Es sei auch bisher nicht gebräuchig gewesen, solchen Personen Provisionen zu reichen oder in die Stätt (Status) einzuverleiben." Endlich auf die Folgen eines eventuell geschaffenen Präcedenzfalles und die Calamität der Kammer hinweisend empfahl sie die Abweisung des Gesuches. Abraham Colin blieb also auf seine bisherigen Einkünfte angewiesen. Er besaß übrigens nicht bloß das von seinem Vater ererbte Haus, das er bis zu seinem Tode bewohnte, sondern auch noch ein zweites, welches Alexander Colin ebenfalls schon frühzeitig käuflich an sich gebracht hatte. Diese beiden Häuser finde ich bereits in

---

*) Die Preise der Lebensmittel waren im Jahre 1623 in Tirol wie im ganzen Reiche in der That enorm gestiegen. Im Jahre 1622 kostete z. B. ein Pfund Rindfleisch 6 kr., Kalbfleisch 4 kr., im Jahre 1623 ein Pfund Rindfleisch 18—25 kr. Verhältnißmäßig noch viel höher hatten sich die Getreidepreise in Folge des in Bayern erlassenen Ausfuhrverbots gestellt.

einer Steuerrolle von 1586 als Eigenthum Alexander Colins bezeichnet, welcher für dieselben 1 Mark, 7 Pfund, 10 kr. und 1 f. Landessteuer zahlte. Das erstere Haus hatte er in unbekanntem Jahre von einer Frau Düring, das letztere von Mailänder erkauft. In der Feuerordnung von Innsbruck vom Jahre 1665 erscheinen als Besitzer dieser Häuser „Abraham Colins Bildhauers Erben." Colins capitalisches Vermögen, dessen Höhe unbekannt ist,*) stammte von der Mutter Alexander Colins und von dessen Gattin, dann von den Ersparnissen des arbeitsamen Mannes. Abraham Colin erwähnt diesfalls namentlich auch des Ersparnisses seines Vaters in Heidelberg.

Abraham Colin war seit 1. März 1604 vermählt mit Sophia Han, welche vor ihrer Verheirathung durch eilf Jahre bei der Gemahlin des Markgrafen Karl von Burgau in Diensten stand.**) Zwei Söhne waren die Frucht dieser, wie es scheint, glücklichen Ehe, Alexander, geboren 1610, und Adam, geboren 1612. Als Taufpathe des ersteren erscheint der Markgraf Carl von Burgau. Das Kind starb noch im selben Jahre. Des zweiten Sohnes erwähnt Abraham in seiner Denkschrift vom Jahre 1623 und bemerkt, daß er den nun eilfjährigen Knaben „zu Diensten des hochlöblichen Hauses Oesterreich erziehen" möchte. Adam Colin wurde von seinem Vater zum Bildhauer herangebildet, von ihm ist jedoch nichts weiteres bekannt, als daß er am 27. April 1653 starb und nach einer Inschrift am Rande des jetzt nicht mehr vorhandenen marmornen Weihwasserbeckens des Colin'schen Grabmals zu schließen, sammt seiner Gattin hier begraben wurde. Die noch von Primisser gelesene Inschrift***) lautet: „Adam Colin. Maria Elisabeth Colinin." Sein Vater Abraham Colin starb am 13. März 1641. Dessen treue Gattin, Sophia Han, die wie im Leben, so auch im Tode von ihm sich nicht trennen wollte, folgte ihm nach wenigen Tagen.†)

*) Die Verlassenschafts-Abhandlung nach Alexander Colin, zu welcher Erzherzog Maximilian mit Erlaß vom 13. November 1612 den Kammerrath Oswald von Plawenn als Commissär ernannt hatte, ist im Archiv des Innsbrucker Landesgerichts leider nicht zu finden.

**) Karl von Burgau war der zweitgeborene Sohn Erzherzogs Ferdinand von Tirol, vermählt mit Sybille, Tochter des Herzogs Wilhelm von Jülich, welche 1627 starb.

***) Denkmäler der Kunst und des Alterthums in der Kirche zum hl. Kreuz Innsbruck 1812. S. 55.

†) Das Todtenbuch der Pfarre Innsbruck verzeichnet die beiden Todfälle, wie folgt: 1641 März 13. „Der ernvest, fürnem und kunstreich Herr Abraham Colin, so im Leben der fürstlichen Durchleucht Ferdinand, Maximilian und Leopoldi zu Oesterreich etc. lobseligster Gedechtnus Hofdiener und Kunstpassirer gewest." (Die letztere

Von seinen Werken*) sichert ihm ein dauerndes Andenken das Bildniß des knienden Kaisers Maximilians I. auf dessen Mausoleum zu Innsbruck, welches nach seiner eigenen Versicherung von ihm nach der gegebenen Zeichnung „bossirt und zum Guß von Wachs gericht" worden ist.**)

Mit Adam Colin erlosch in Innsbruck das Colin'sche Geschlecht, dessen Name in so vielen und so hervorragenden Werken deutscher Renaissance verewigt erscheint.

Bemerkung des Todtenbuches ist jedenfalls unrichtig. Abraham Colin war, wie schon seine Bittschrift von 1623 beweist, weder ein Hofdiener, noch sonst mit einer Provision bedacht.) 1641 März 19. „Die erntugendhaft Frau Sophia Colinin des ernvesten kunstreichen Herrn Abraham Colin geweste Hausfrau".

*) Das Innsbrucker Museum bewahrt von ihm ein Relief in Holz, darstellend Maria mit dem Kinde, darüber zwei die Krone haltende, schwebende Engel, zu höchst Gott Vater. In der geschmacklosen Umrahmung erblickt man das Colinische Wappen und die Jahreszahl 1597. Die, einen Künstler von untergeordneter Bedeutung kennzeichnende Arbeit ist in späterer Zeit leider auch plump gefaßt worden. Auf der Rückseite des Bildwerkes steht in gleichzeitiger Schrift: „Abraham Colin hat diß zu ainer gedechtnus vererdt."

**) Die landesfürstlichen Raitbücher setzen diese Arbeit auf Rechnung Alexander Colins, welchem am 31. Juli 1582 fünfzig Gulden, am 30. December desselben Jahres einhundert Gulden von der landesfürstlichen Kammer bezahlt wurden.

HEIDELB. SCHLOSS-VEREIN, BAND II.

Lichtdruck von J. Löwy, Wien.

TAF. VI.

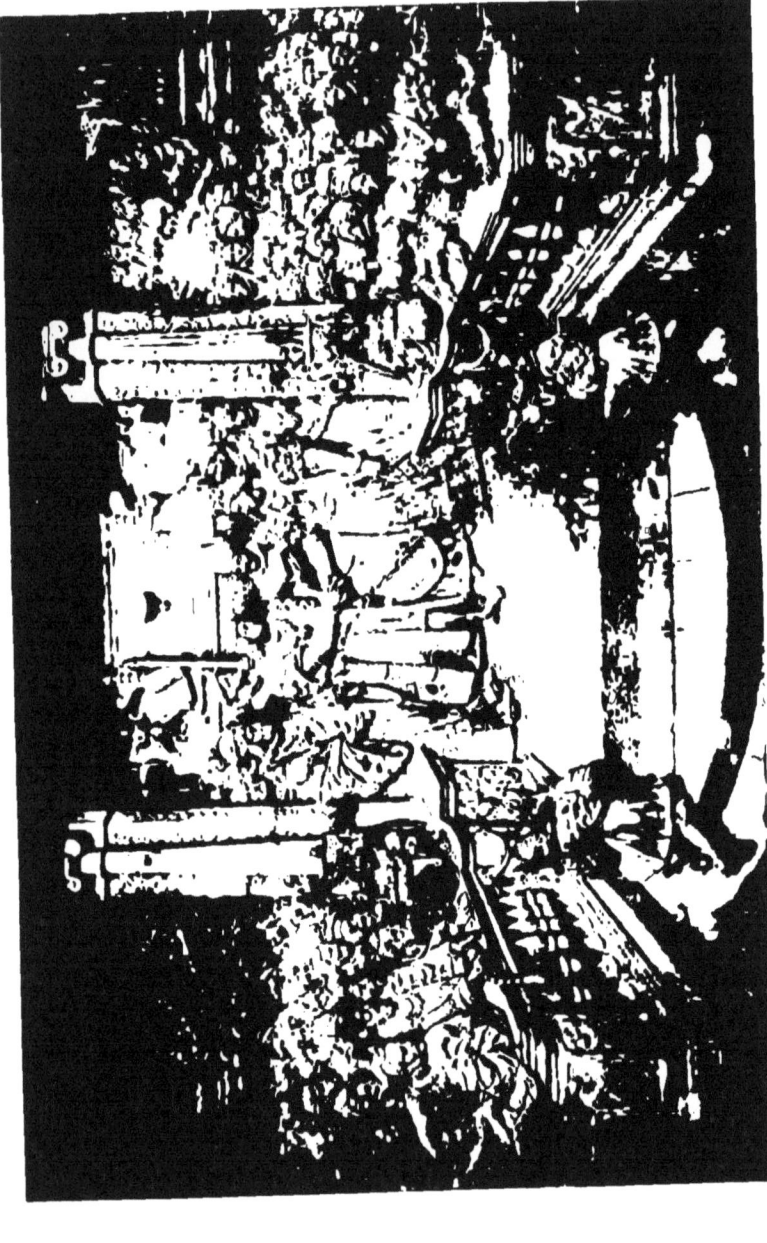

Lichtdruck von J. Löwy, Wien.

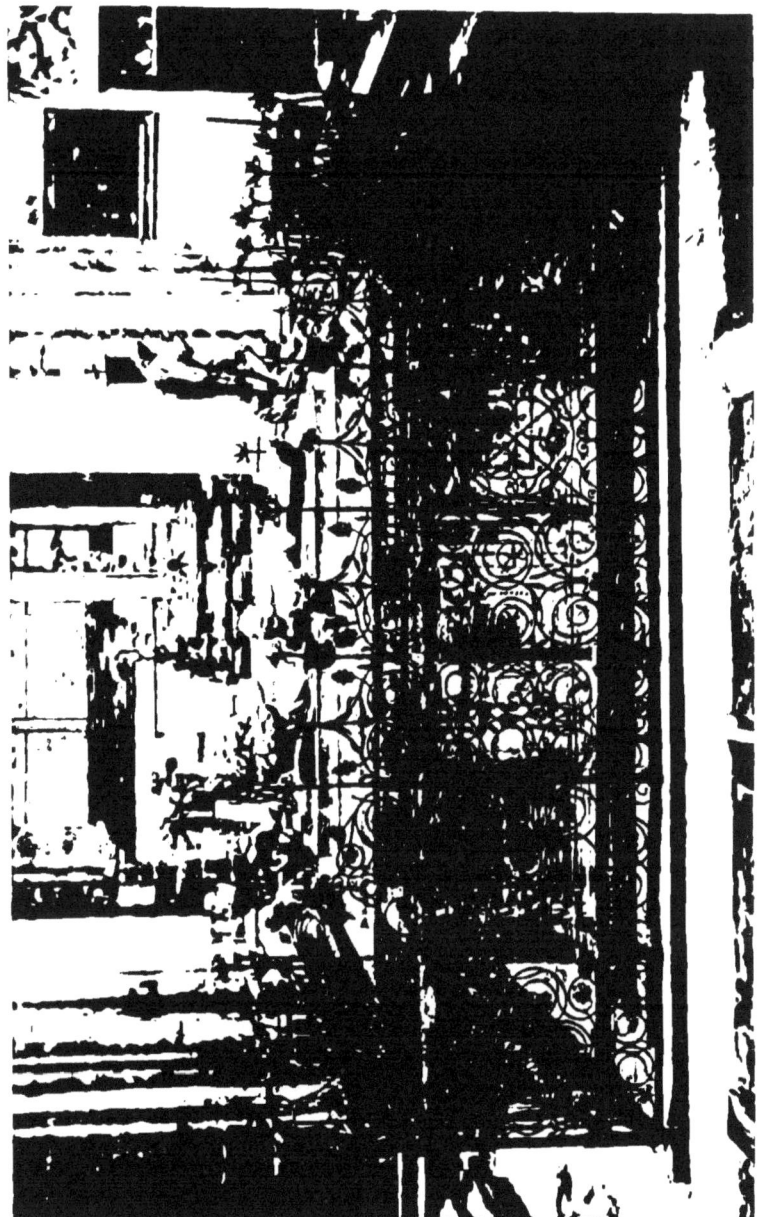

Lichtdruck von J. Löwy, Wien

HEIDELB SCHLOSS-VEREIN, BAND II.

TAF. XII.

Lichtdruck von J. Löwy, Wien

HEIDELB. SCHLOSS-VEREIN, BAND II.

TAF. XIV.

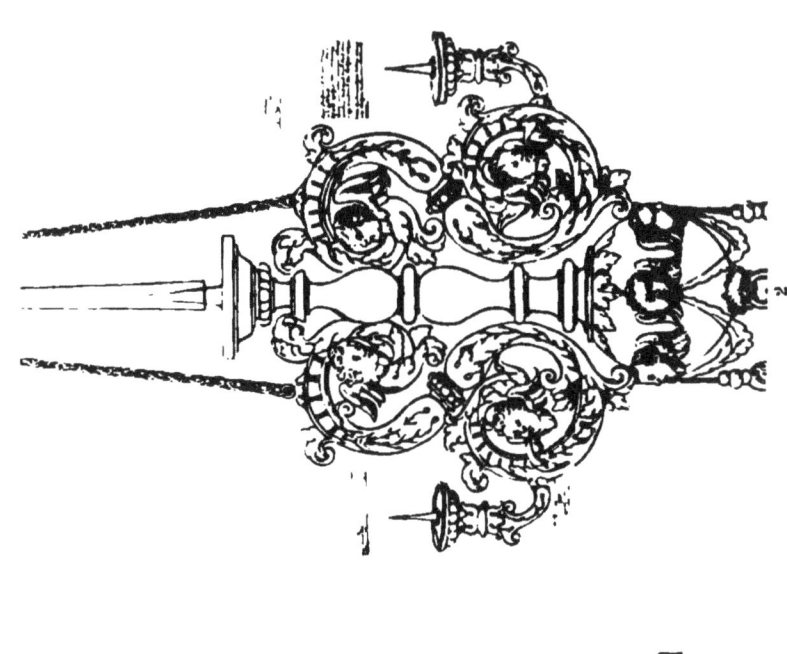

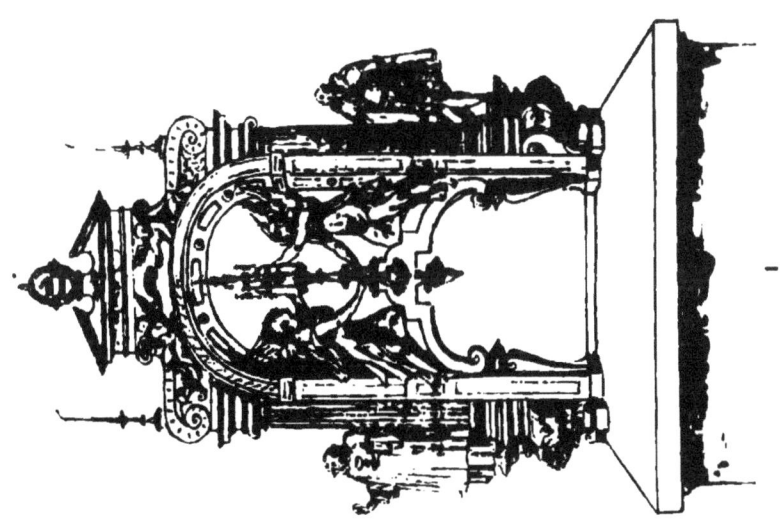

HEIDELB. SCHLOSS-VEREIN, BAND II. TAF. XVII.

Lichtdruck von J. Löwy, Wien.